HEUREUX À L'ÉCOLE

TOUT COMMENCE À LA MAISON

Nathalie de Boisgrollier

Préface de Antonella Verdiani

HEUREUX À L'ÉCOLE

TOUT COMMENCE À LA MAISON

Le guide pratique
des parents bienveillants

Albin Michel

Du même auteur

Élever ses enfants sans élever la voix.
Guide pratique de l'éducation bienveillante, 2014.

Ma fille m'apprend la joie.
Mon fils m'apprend la force tranquille.
J'aime apprendre de mes enfants.

N.B.

Sommaire

Préface

Ce livre est de ceux que j'aurais bien aimé avoir dans les mains lorsque mes enfants étaient petits ; surtout lorsque, jeune maman, je commençais à m'interroger sur le choix d'une « bonne » école. Mon aîné ayant fréquenté sans trop de problèmes l'école publique, le second fut aussi inscrit à l'école maternelle du quartier. La question du choix du privé ne se posa pas. N'étant pas effleurée par le moindre doute sur le type de vision éducative ou de méthodes pédagogiques qu'on y pratiquait (on allait forcément donner le meilleur à nos enfants, n'est-ce pas ?), j'ai agi comme la plupart des parents : j'ai fait une totale confiance au système. C'est donc à ce moment précis, par cet acte si anodin, si banal, presque automatique, qu'est l'inscription de son propre enfant à l'école que, sans le savoir, je me suis déresponsabilisée de mon rôle de parent. Car j'ai entièrement délégué l'éducation du cadet, et une très grande partie de sa vie avec, à quelqu'un d'autre, une institutrice inexpérimentée en l'occurrence, qui « saurait » à ma place ce qui était bien pour lui.

De fait, au début, je ne me suis posé aucune question « éducative ». Surtout, je n'ai pas osé en poser à ceux « qui savaient pour moi ». En tout cas, aucune des questions contenues dans ce livre n'a émergé pendant un certain temps : d'où vient l'école ? Comment mon fils apprendra-t-il ? Respectera-t-on ses rythmes, sa personnalité, ses talents ? Et en fin de compte... est-ce que mon enfant sera heureux ? Mon silence a duré jusqu'à ce que « quelque chose » commence à nous alerter dans son comportement : il dormait mal, faisait des cauchemars, avait de fréquentes crises de pleurs et surtout un voile de tristesse était apparu dans ses yeux.

« À 4 ans, nous annonce un jour la directrice, il est grand et tout à fait en mesure de monter seul les deux étages pour aller en classe. » Cela signifiait, en d'autres termes, qu'il nous était interdit, à nous parents, de l'accompagner le matin jusqu'à sa classe au deuxième étage, de lui tenir la main en montant, une par une et à son rythme, les marches de l'immense escalier de cette école aux plafonds de cinq mètres... Plus question non plus – puisqu'il était désormais « responsable » et absolument « en mesure de gérer » – que nous prenions le temps, ô combien important, d'opérer, nous les géniteurs, une transition douce entre la maison et l'école. Cela lui incombait à lui, du haut de ses 4 ans, de s'installer sur son banc, lieu où il allait rester sept heures d'affilée.

C'est bien à cette période que ce livre m'aurait été nécessaire. Il m'aurait d'abord informée sur le fait que ce que mon enfant exprimait, par des pleurs ou un sommeil perturbé, n'était pas du caprice. Il m'aurait ensuite rassurée sur sa bonne santé, ainsi que sur sa capacité à exprimer, par ses émotions, ses besoins et ses désirs légitimes. Mais à l'époque je ne trouvais rien de semblable et ces demandes, doutes et interrogations – avait-on fait le bon choix pour notre petit ? était-il heureux à l'école ?... – devinrent rapidement des sujets de discussion en famille.

Non, notre fils n'était pas heureux, il était même malheureux dans cette école. À nous de prendre la décision de ne pas subir cette situation : me voici donc en chasse d'autres établissements – publics, privés, sous contrat, hors contrat, confessionnels, laïques... (je crois avoir fait le tour de tout ce qui existait) –, à répondre à des demandes souvent incongrues (« Nous sommes une école qui promeut la liberté confessionnelle, mais apportez-nous quand même le certificat de baptême » !), et à faire la queue pour inscrire mon enfant sur des listes d'attente sans fin... Jusqu'au jour où une petite école (à laquelle, si vous le permettez, je tiens à rendre hommage ici car c'est une de *Ces écoles qui rendent nos enfants heureux*[1], L'École aujourd'hui, à Paris[2]), nous

1. Antonella Verdiani, *Ces écoles qui rendent nos enfants heureux. Pédagogies et méthodes pour éduquer à la joie,* Actes Sud, 2012.
2. L'École aujourd'hui est un établissement sous contrat d'État, inspiré, entre autres, par la pédagogie coopérative et la méthode Gattegno.

appela pour nous annoncer que, oui, il était accepté ! Voilà donc notre petit bonhomme faisant son entrée dans une nouvelle maternelle et retrouvant le sourire presque du jour au lendemain, grâce à un environnement où la bienveillance, le respect de ses rythmes et finalement le bon sens d'une équipe enseignante attentionnée régnaient – c'est le cas de le dire – en maîtres.

Tout le monde n'a pas la chance de pouvoir choisir pour son enfant une école différente. Publique ou privée, le problème n'est pas là ! Car aujourd'hui, par chance, de plus en plus d'établissements de l'Éducation nationale s'ouvrent à des pédagogies actives, fondées sur la bienveillance et le véritable respect de l'enfant. Quant à moi, je remercie souvent la vie de m'avoir donné cette opportunité, ce qui ne m'a cependant pas empêchée de me demander comment j'aurais fait si j'avais dû laisser mon fils là où il souffrait.

J'aurais, je pense, adopté un plan B, en partant à la recherche non pas d'autres écoles, mais de ce que moi et ma famille – après avoir réalisé que l'entière responsabilité de son éducation nous revenait – aurions pu mettre en place à la maison. Car, comme le dit Nathalie de Boisgrollier, « tout commence à la maison ». Ce livre n'existant pas encore, je serais allée me documenter sur ce qu'apprendre signifie pour un cerveau en formation. Je serais aussi allée me faire conseiller auprès de neuroscientifiques, de médecins et de psychologues pour réunir – à l'instar de cet ouvrage – les meilleures contributions des sciences à l'éducation, en les traduisant en pratiques efficaces.

Heureusement ce livre a été écrit. Finalement, je dirais qu'il est à lui seul une mine d'informations, de connaissances et d'outils indispensables à tous les parents qui aujourd'hui continuent à se poser des questions sur l'école et l'éducation en général. Même à ceux qui sont pressés, car l'exhaustivité dont il fait preuve peut représenter un gain de temps considérable ! Pour moi, cet ouvrage nous confronte à ce qui est notre « devoir » d'adultes, ce que nous nous devons de connaître pour le bien-être global de nos enfants : pour que les

14 000 heures qu'ils sont censés passer sur les bancs de l'école pendant douze ans demeurent parmi les moments les plus joyeux de leur existence.

Antonella Verdiani

Docteur en sciences de l'éducation, Antonella Verdiani est conférencière, formatrice et présidente fondatrice du Printemps de l'éducation.

Introduction

L'école ET les parents, acteurs du bonheur des enfants et des jeunes : c'est le rêve de beaucoup. Pourtant, nombreux sont les parents qui se sentent impuissants face au système scolaire. Ils sentent confusément qu'il y a un écart entre l'école et le monde d'aujourd'hui, ils savent plus ou moins le définir, mais ils aspirent à autre chose. En réalité, beaucoup d'enseignants ressentent aussi ce décalage.

Ce livre n'est pas un livre contre l'école. Il n'est pas question de lui faire quelque procès que ce soit. L'école nous a tant apporté à tous, elle est un pilier de notre société. On lui demande beaucoup, probablement trop. N'est-ce pas déjà à chacun de nous de lui apporter notre concours pour la construction de nos enfants, dans l'intérêt de tous ? Alors, remontons nos manches, observons, comprenons et agissons !

Dans les bois à côté de chez moi, j'observe parfois des personnes écraser des champignons de façon systématique parce qu'on leur a dit que les champignons sont dangereux et pas forcément très utiles. Ils ne distinguent pas les bons des mauvais… et n'ont pas conscience que tous sont utiles à l'environnement dont nous faisons partie. On ne connaît pas encore grand-chose sur les champignons, si ce n'est que ce ne sont pas des plantes à proprement parler, qu'ils forment un réseau de micro-organismes – un peu comme un « Internet de la forêt » – et qu'ils jouent un rôle dans l'écosystème.

Comme pour les champignons, cessons d'agir machinalement avec nos enfants. Prenons le temps d'apprendre à voir comment ils grandissent, comment ils apprennent, comment ils vivent et qui ils sont.

L'écologie m'a montré qu'il n'y a pas de bonne ou de mauvaise herbe. Toutes les plantes ont des caractéristiques propres et des besoins différents les unes des autres pour jouer leur rôle dans l'écosystème, tout comme nos enfants pour exprimer leurs talents ! Savez-vous qu'il existe plus de six cents variétés de pommes de terre ? Pourquoi n'en cultiver que cinq ou six ? N'est-ce pas là nous priver de bien des richesses que la nature nous offre ? De la même façon, pourquoi renoncer à différentes manières de réussir ? Pourquoi ne valider qu'une forme d'intelligence ?

En octobre 2015, dans une émission de télévision, le chanteur Mika et l'acteur Lambert Wilson partageaient leurs souvenirs d'école. Chacun d'eux regrettait de ne pas s'être senti accueilli, mais plutôt rejeté. Moi-même j'ai beaucoup aimé apprendre mais l'école ne m'a pas beaucoup aimée… Que se passe-t-il donc pour que l'école génère ce genre de réactions ? Que faisons-nous pour qu'elle soit un endroit où l'on cultive le bonheur d'apprendre ? Que faisons-nous pour appliquer les propositions de ce rapport de 1996 intitulé *L'Éducation : un trésor est caché dedans*[1] ?

J'accompagne des grands adolescents et des jeunes adultes dans des ateliers d'orientation scolaire et professionnelle. Je constate qu'ils ne se connaissent pas, qu'ils n'ont pas bien conscience de ce qu'ils ont déjà appris ni de ce à quoi cela peut leur servir. Ils ne connaissent pas leurs talents. Beaucoup sont même déjà épuisés psychologiquement.

Je crois que l'éducation bienveillante et la pédagogie positive sont des outils et un moyen de répondre aux grands enjeux du XXIe siècle : le réchauffement climatique, la troisième révolution industrielle, l'avènement de ce que j'appellerai la « biotechnico-informatique », l'arrivée de la robotisation de masse et la mondialisation. C'est un moyen de faire place à la coopération et non plus au rejet et à la compétition qui épuisent les ressources de la terre autant que celles des hommes. Apprenons à nos enfants à s'aimer et à aimer la nature. Apprenons-leur la joie et la vie ; apprenons à nous émerveiller ensemble !

Dans ce livre, je vous donnerai des clés pratiques, concrètes et faciles à utiliser pour mieux respecter les besoins de votre enfant dans ses

1. *Rapport à l'Unesco de la Commission internationale sur l'éducation pour le vingt-et-unième siècle présidée par Jacques Delors*, Odile Jacob, 1996.

apprentissages et augmenter sa confiance en lui. Je vous aiderai à discerner vos idées reçues sur ce que c'est que réussir. Grâce aux dernières découvertes des neurosciences, je vous expliquerai comment fonctionne le cerveau de votre enfant et vous exposerai les caractéristiques de l'apprentissage. Et je ferai le lien avec plusieurs façons de réussir, en commençant par vous amener à définir quel type de réussite vous souhaitez pour votre enfant.

Vous auriez aimé que votre enfant fréquente une école pratiquant une pédagogie alternative ? Cela n'a pas été possible ? Ce n'est pas grave. L'institutrice de votre enfant s'en inspire peut-être déjà et ne demande qu'à être encouragée. En outre, chez vous, à la maison, vous pouvez entrer dans une démarche concrète. Et si les enseignants qui me lisent ont envie de passer à l'action, je ne peux que les en remercier : ils participent à donner vie à une éco-modernité[1].

Chaque personne apprend et comprend de façon différente. Dans les pages qui suivent, vous ne trouverez pas de réponses toutes faites. Ce qui convient à votre fils aîné ne conviendra sans doute pas au cadet ou à la benjamine. Je vous proposerai donc des pistes et des outils; ils vous aideront à trouver votre chemin et celui de votre enfant. Cela commence par apprendre à s'aimer, apprendre à se connaître. Il sera plus facile ensuite d'apprendre tout court. Apprendre est une grande source de joie et de bonheur. Il suffit de quelques conditions accessibles à tous. Bonne découverte à chacun. N'hésitez pas à me faire part de vos réactions et de vos expériences sur la page Facebook « Heureux à l'école » (voir p. 239).

1. Christine Marsan, Marine Simon *et al.*, *L'Intelligence collective*, Yves Michel, 2014.

SAVOIR VIVRE

Le jour où je me suis aimé pour de vrai, j'ai compris qu'en toutes circonstances j'étais à la bonne place, au bon moment. Et, alors, j'ai pu me relaxer.
Aujourd'hui, je sais que ça s'appelle…
l'estime de soi.

Le jour où je me suis aimé pour de vrai, j'ai pu percevoir que mon anxiété et ma souffrance émotionnelle n'étaient rien d'autre qu'un signal lorsque je vais à l'encontre de mes convictions.
Aujourd'hui, je sais que ça s'appelle…
l'authenticité.

Le jour où je me suis aimé pour de vrai, j'ai cessé de vouloir une vie différente et j'ai commencé à voir que tout ce qui m'arrive contribue à ma croissance personnelle.
Aujourd'hui, je sais que ça s'appelle…
la maturité.

Le jour où je me suis aimé pour de vrai, j'ai commencé à percevoir l'abus dans le fait de forcer une situation ou une personne, dans le seul but d'obtenir ce que je veux, sachant très bien que ni la personne ni moi-même ne sommes prêts et que ce n'est pas le moment.
Aujourd'hui, je sais que ça s'appelle…
le respect.

Le jour où je me suis aimé pour de vrai, j'ai commencé à me libérer de tout ce qui ne m'était pas salutaire, personnes, situations, tout ce qui diminuait mon énergie. Au début, ma raison appelait ça de l'égoïsme.
Aujourd'hui, je sais que ça s'appelle…
l'amour-propre.

Le jour où je me suis aimé pour de vrai, j'ai cessé d'avoir peur du temps libre et j'ai arrêté de faire de grands plans, j'ai abandonné les méga-projets du futur. Aujourd'hui, je fais ce qui est correct, ce que j'aime, quand ça me plaît et à mon rythme.
Aujourd'hui, je sais que ça s'appelle…
la simplicité.

Le jour où je me suis aimé pour de vrai, j'ai cessé de chercher à toujours avoir raison et me suis rendu compte de toutes les fois où je me suis trompé.

Aujourd'hui, j'ai découvert...
l'humilité.

Le jour où je me suis aimé pour de vrai, j'ai cessé de revivre le passé et de me préoccuper de l'avenir. Aujourd'hui, je vis au présent, là où toute la vie se passe.

Aujourd'hui, je vis une seule journée à la fois, et ça s'appelle...
la plénitude.

Le jour où je me suis aimé pour de vrai, j'ai compris que ma tête pouvait me tromper et me décevoir, mais que si je la mettais au service de mon cœur, elle devenait un allié très précieux.

Tout ceci est...
savoir vivre !

Kim McMillen, *When I loved myself enough*, Sidgwick & Jackson, 2001.

1

ÉTAT DES LIEUX

« Quand je suis allé à l'école, ils m'ont demandé
ce que je voulais être quand je serai grand.
J'ai répondu "heureux".
Ils m'ont dit que je n'avais pas compris la question.
J'ai répondu qu'ils n'avaient pas compris la vie. »

Attribué à John Lennon

Une brève histoire de l'école

De l'Antiquité au XIXe siècle

Mais qui a inventé l'école ? « C'est ce sacré Charlemagne », chantait France Gall en 1965. Charlemagne (742-814) était illettré, mais il considérait que savoir lire et écrire était très important. Il fit donc instruire ses enfants et eut l'idée originale de les regrouper avec d'autres enfants du village.

Sous l'Empire romain, on estime que seulement 10 % de la population des cités était alphabétisée. L'école a été, pendant très longtemps, réservée aux gens aisés.

Au Moyen Âge, l'Église prit une part importante dans l'instruction et l'alphabétisation.

La Renaissance vit l'extension de la culture écrite, sous l'impulsion des luthériens. Ces derniers voulaient court-circuiter la hiérarchie religieuse qu'ils considéraient comme corrompue. Leur idée était d'apporter les textes sacrés directement aux croyants.

L'invention de l'imprimerie par Gutenberg (en 1451) fut un premier outil de diffusion de masse du savoir et des idées, et en particulier de la foi chrétienne. L'Europe du Nord développa l'alphabétisation ; les premiers collèges firent leur apparition dès le XIIe siècle. Ils se multiplieront jusqu'au XVIIIe. Dans ces pays, les citadins, artisans et commerçants, envoyaient leurs enfants à l'école, ce qui a contribué à l'émergence de ce qu'on appellerait aujourd'hui « une classe moyenne ».

En France, Louis XIV voulut contrecarrer la progression du protestantisme dans son royaume. À partir de 1698, il chargea toutes les communes de France de créer un collège pour accueillir des garçons. Toujours au début du XVIIIe siècle, Jean-Baptiste de La Salle réussit à développer un important réseau d'écoles primaires chrétiennes. Il y mit en place quelques idées nouvelles comme l'enseignement du français (avant celui du latin), l'organisation par niveau…

À la veille de la Révolution, on entendit des opinions variées sur l'école. En témoignent quatre penseurs de cette époque. Voltaire, en avance sur son temps sur bien des points, exprimait des jugements qui nous paraissent rétrogrades : pour lui, permettre au peuple d'accéder à une scolarité risquait de générer du désordre social ; il convenait que chacun reste à sa place. Rousseau, pourtant précurseur en matière de pédagogie, affirmait que le pauvre n'avait pas besoin d'instruction. Parmi ceux qui y étaient favorables figurent Diderot et Talleyrand, qui demandaient déjà que l'école accueille gratuitement les enfants de 13 à 16 ans.

Sous la Révolution française, la question de la scolarité ne suscita pas beaucoup d'intérêt. Toutefois, pendant les cinq années de turbulences, certains philosophes des Lumières rêvaient d'une école accessible à tous sous une forme égalitaire où filles comme garçons recevraient un enseignement dès l'âge de 6 ans et jusqu'à 13 ans. Malheureusement, beaucoup d'établissements scolaires furent détruits au cours de cette période.

La laïcité de l'État et de l'école fut formulée avec force par Condorcet en 1792 mais l'État n'osa pas encore imposer l'obligation de scolarité, source de difficultés pour les familles pauvres qui ne pouvaient se passer de la main-d'œuvre que représentaient leurs enfants. Le Consulat et l'Empire virent le renouveau des écoles privées et le déclin des écoles publiques. L'instruction religieuse fut renforcée. Ce fut le début d'une guerre scolaire entre l'Église et l'État qui dura un siècle et demi.

En 1867, grâce à Victor Duruy, obligation fut faite à toutes les communes de plus de 500 habitants de créer une école pour les filles (début d'un autre long combat). Sous Napoléon III, de 1852 à 1870, deux tiers des enfants furent instruits gratuitement sur le territoire.

Mais les temps furent troublés : chute de Napoléon III, perte de la guerre de 1870 face aux Prussiens qui annexèrent l'Alsace et la Moselle, et en 1871, la Commune. La Ville de Paris réclama sa souveraineté, et les ouvriers de meilleures conditions de travail. On revendiqua par ailleurs la restauration de la monarchie traditionnelle, donc chrétienne. Or les Prussiens avaient standardisé l'éducation. Leurs enfants allaient tous à l'école et le programme scolaire était structuré et homogène sur le territoire prussien. S'ils avaient la réputation d'être ordonnés, obéissants et efficaces, c'était grâce à leur système scolaire et notamment aux mesures innovantes de Guillaume de Humboldt[1]. Déjà à cette époque, on s'inspira du modèle allemand !

Pour faire face à l'ennemi intérieur (communards et royalistes) ou extérieur (Prussiens principalement), il convenait de créer une nation, un État fort. Il fallut préparer des futurs soldats aussi efficaces que le soldat prussien, instaurer de la discipline, transmettre un moral de vainqueur et préserver la jeune république.

Ce fut une période marquée aussi par les découvertes techniques et l'industrialisation. Les paysans vinrent grossir les faubourgs des villes pour donner de la main-d'œuvre aux usines. Conséquence indirecte de cet exode : l'unification de la langue française et la disparition des patois. L'industrie demanda aussi du personnel de plus en plus qualifié.

Entre 1879 et 1883, Jules Ferry fut ministre de l'Instruction publique ou président du Conseil à cinq reprises. Il transforma l'instruction en éducation : il voulait que l'école soit imposée et accessible à tous les enfants. Il fut l'instigateur de nouvelles grandes lois sur l'éducation. À partir du 16 juin 1881, l'instruction devint obligatoire et gratuite pour tous les enfants, filles et garçons, de 6 à 13 ans. Et le 28 mars 1882, elle fut déclarée laïque. Le clergé n'avait plus le droit de contrôler l'enseignement. L'instruction religieuse était désormais dispensée en dehors de l'école.

1. Ce philosophe et diplomate allemand (1767-1835) fut ministre de l'Éducation en 1809-1810.

Les « hussards noirs de la République », de jeunes enseignants en blouse noire, érigèrent ce principe de laïcité en idéal, en dogme, dans toutes les villes de France et se heurtèrent, dans certaines régions, à des violences et des résistances fortes durant de longues années. En 1911, 96 % des 20-24 ans étaient alphabétisés. À partir de cette date, c'est sur le nombre de jours de classe par semaine et dans l'année que porta l'effort de scolarisation.

Le certificat d'études

Créé en 1866 par Victor Duruy, ce premier diplôme avait plusieurs objectifs : créer une émulation entre les élèves, récompenser les bons éléments, vaincre la résistance et parfois l'indifférence des familles face à l'intérêt de l'école. Pour Charles Péguy, l'école est une institution emblématique de la France. Elle forge l'identité culturelle et nationale. Elle unifie le territoire. En 1930, un élève sur deux obtenait le certificat d'études.

Dans l'enseignement secondaire, l'augmentation des effectifs commença avec la gratuité des études accordée en 1930 et les premières allocations familiales.

Pièce maîtresse de la Troisième République, le certificat d'études laisse aujourd'hui chez beaucoup d'anciens un sentiment de nostalgie. Pour certains, cette époque correspond à l'âge d'or de l'école à la française, de la réussite pour tous, de l'excellence. Le « certif » symbolise la possibilité d'un changement de statut social et l'espérance d'un meilleur niveau de vie. C'est l'incarnation de la République égalitaire et méritocratique. Il permet d'accéder à un certain niveau d'instruction et de culture. Dans certaines familles, il représente un symbole plus fort que la première communion.

Un exemple parmi d'autres : les Entreprises de chemins de fer (qui deviendront la SNCF) recruteront longtemps leurs ouvriers sur le critère du certificat.

D'autres qualifient le certificat d'études de « pédagogie noire », synonyme de violences corporelles et d'exclusion, notamment pour les filles. Pendant très longtemps, on n'a pas vu l'intérêt de passer cet examen. Certains historiens rappellent qu'à cette époque la politique de l'éducation était parfois qualifiée de « génocide culturel » ou de « dressage des individus »[1].

REPÈRES

Le certificat d'études

En 1897, l'examen comprend :
- une dictée de vingt lignes ;
- deux questions d'arithmétique ;
- une rédaction de type lettre ;
- la lecture d'une phrase et son analyse, portant le plus souvent sur de la géographie ou de l'histoire ;
- pour les filles : l'exécution d'un ouvrage d'aiguille ; pour les garçons : une épreuve de dessin ou d'agriculture.

Le baccalauréat

Le baccalauréat fut créé par un décret du 17 mars 1808. À l'époque, il fallait avoir 16 ans et l'examen ne comportait que des épreuves orales portant sur des auteurs grecs et latins, sur l'histoire, la géographie et la philosophie. Les premiers bacheliers sont au nombre de 31. La première bachelière fut Julie Daubié en 1861. Ce diplôme sanctionne la fin des études secondaires et ouvre l'accès à l'enseignement supérieur. Il se démocratisera au fil du temps.

1. Cf. Mona Ozouf, historienne, conférence du 29 mars 2014 à La Sorbonne, cité par http://tempsreel.nouvelobs.com/education/20140407.OBS2972/pour-l-historienne-mona-ozouf-l-ecole-de-jules-ferry-c-est-fini.html

En 1880, à peine 1 % d'une classe d'âge obtenait le baccalauréat, proportion qui s'éleva progressivement à 20 % en 1970, 40 % en 1989 et 64 % en 2007[1]. Pendant ce temps, la proportion de bachelières passa d'environ 1,5 % en 1910, à 10 % en 1935, puis à 25 % en 1945, pour dépasser les 50 % à partir des années 1970[2].

La prolongation de l'âge de l'instruction obligatoire se fit en plusieurs fois : jusqu'à 14 ans en 1936, décidée jusqu'à 16 ans en 1959 et appliquée progressivement entre 1967 et 1969. Mais toutes les conséquences furent réellement prises en compte au début du mandat du président Valéry Giscard d'Estaing (vers 1974-1975). C'est une des mesures qui permit de retarder l'arrivée des jeunes sur le marché du travail et de lutter ainsi contre le chômage. Il faut dire que la France connaissait à cette époque son premier choc pétrolier (1973) ; ce fut le début d'une crise génératrice de chômage qui perdure encore aujourd'hui, avec des débuts de reprise sans réelle amélioration. Les entreprises françaises réclamaient aussi du personnel de mieux en mieux formé et qualifié.

Dans les années 1980, sous la présidence de François Mitterrand, le ministre de l'Éducation, Jean-Pierre Chevènement, annonça l'objectif de 80 % de diplômés du bac pour une même classe d'âge.

Les familles, quel que soit leur niveau social, rêvaient que leur enfant réussisse mieux que leurs parents et attendaient de l'école qu'elle les y aide. Parallèlement, il devint plus difficile de trouver un emploi sans diplôme, ce qui accrut encore l'exigence des parents. La pression ne cessa d'augmenter. Si elle ne portait jusqu'alors que sur les années de lycée, il n'est pas rare aujourd'hui de la ressentir dès la première année de primaire.

---

1. www.cafepedagogique.net/lesdossiers/pages/2008/bb2008_200ans.aspx
2. « La population des bacheliers en France », Jean-Claude Chesnais, 1975 ; au-delà de 1975 : note d'information annuelle du Ministère.

Mais de quel bac parle-t-on ? Car il en existe près de soixante-dix aujourd'hui ! Et seuls 36 % d'une classe d'âge se voient délivrer un baccalauréat dit « général » : littéraire (L), économique et social (ES) ou scientifique (S), ce dernier étant considéré comme le plus prestigieux. Le bac général demeure le seul comparable au diplôme historique. Pour parvenir à 73 % de réussite dans une classe d'âge, il faut inclure les filières technologique et professionnelle, créées en 1968 et 1985 pour démocratiser le diplôme. Méfions-nous cependant des comparaisons. Comment mettre en balance en effet le bac des années 1970-1980 avec celui de la fin des années 2010 alors qu'en l'espace de deux générations la société s'est radicalement transformée ?

L'école de Jules Ferry a apporté à plusieurs générations une amélioration des conditions de vie et un accès à la culture, à une pensée plus libre et autonome. Elle a permis à beaucoup de s'enrichir et d'exprimer des talents qu'ils ne soupçonnaient pas.

Toutefois, la standardisation et la massification de l'éducation ont changé la donne. L'école de Jules Ferry est-elle arrivée à son terme ? Pour l'historienne Mona Ozouf, à quoi sert l'école de l'effort et de la patience à l'ère du numérique où, de fait, il n'est plus nécessaire de retenir et où le travail lui-même est en pleine mutation ? Les valeurs du XIXe siècle – famille, école, Église – ne sont plus les nôtres. Les besoins et les aspirations des différents acteurs de la société (familles, entreprises, État…) ont évolué. Il nous faut innover, répondre à de nouvelles attentes, imaginer.

Des pédagogies de nouveau à la mode

À l'époque où se construisait l'école de la République, certains pédagogues et penseurs avaient une approche très différente et très innovante – voire avant-gardiste – de ce que doit être l'école. Aujourd'hui ils sont devenus très à la mode. En voici trois parmi beaucoup d'autres.

Célestin Freinet

Célestin Freinet[1] (1896-1966) fut profondément marqué physiquement et psychologiquement par une blessure qu'il devait à la Première Guerre mondiale alors qu'il était tout jeune instituteur. Il en devint pacifiste.

Dans son ouvrage *L'Éducation du travail*[2], il présente sa conception du jeu et du travail chez l'enfant et leur importance. Pour lui, l'enfant est naturellement tourné vers le travail. Ses jeux d'imitation ou de rôle, les poupées dont il prend grand soin, ne montrent en réalité qu'une chose : l'enfant a besoin d'agir, son action a besoin d'être motivée. C'est l'adulte qui met l'enfant en difficulté lorsqu'il ne comprend pas ce besoin et qu'il l'empêche de l'exprimer. Freinet met au point une pédagogie basée sur l'expression libre des enfants : texte libre, dessin libre…

Parmi les piliers de ses innovations, on retiendra que :
- il travaille beaucoup sur la coopération : il fait travailler l'enfant en binôme ;
- l'enfant est un être autonome avec sa personnalité propre ;

1. Madeleine Porquet, *Le Temps de vivre ensemble, sur les pas de Freinet*, Brudnevez, 1983 ; Élise Freinet, *Naissance d'une pédagogie populaire*, Maspéro, 1981.
2. Publication originale de 1960 (Delachaux et Niestlé, 1978).

- la nature est source d'inspiration aussi bien pour les éducateurs que pour les enfants ;
- l'éducation à la paix tient une place importante.

Maria Montessori

Maria Montessori (1870-1952) fut la première femme médecin en Italie. Le concept clé de Maria Montessori repose sur l'idée que l'éducation n'est pas une transmission de savoirs mais un accompagnement du développement naturel de l'enfant, via un environnement préparé, adapté aux caractéristiques et aux besoins de son âge. Sa méthode se veut une pédagogie scientifique, basée sur la connaissance et le respect des lois naturelles qui gouvernent le développement psychologique des enfants.

Cette pédagogie est une méthode d'éducation dite ouverte. Celle-ci repose sur les principes suivants :
- bien observer l'enfant ;
- le regarder comme un être unique ;
- le considérer comme une personne non seulement digne d'intérêt mais surtout comme un élément essentiel de l'avenir de la société ;
- s'assurer que l'enfant soit instruit avant l'âge de 6 ans ;
- prêter attention à son environnement (c'est primordial) ;
- donner autant d'importance à ses facultés motrices qu'intellectuelles ;
- l'éduquer à la paix ;
- tenir compte de son grand potentiel…

Aujourd'hui, parce qu'elle est très à la mode, on fait dire et écrire bien des choses à Maria Montessori. Elle est devenue le symbole d'un mouvement pour une école alternative.

Rudolf Steiner

Rudolf Steiner, philosophe autrichien (1867-1925), est le fondateur de l'anthroposophie, qu'il qualifie de « chemin de connaissance », visant à « restaurer le lien entre l'homme et les mondes spirituels ». Il est tout à la fois pédagogue et scientifique, agriculteur et homme politique… En France, il reste peu connu. On dirait aujourd'hui que c'est un « zèbre », un visionnaire.

Pour lui, accueillir l'enfant à l'école, cela signifie d'abord le reconnaître dans son individualité, puis établir avec lui une relation de confiance et de responsabilité dans la continuité. La tâche de l'enseignant devient alors de favoriser l'épanouissement de chaque enfant dont il a la charge, de l'aider à découvrir sa voie originale.

De sa pédagogie, on retient quelques fondamentaux :

- la nature et la relation à la nature sont intrinsèquement liées au vivant et à la spiritualité ;
- l'art et la nature sont des supports d'apprentissage indispensables ;
- toute situation est vécue comme un objet d'apprentissage ;
- le respect du rythme de l'enfant est fondamental ;
- la relation entre l'enseignant et l'élève est primordiale.

Où en est-on aujourd'hui ?

Un quotidien difficile à l'école et des aspirations fortes

Oui, c'est un constat général dans beaucoup d'écoles, il y a un sentiment de démotivation, de routine, de fatigue. Le système administratif est vécu comme très contraignant, prenant beaucoup de temps et d'énergie. Le moindre projet peut être lourd à organiser. Par exemple, faire intervenir des personnes extérieures est devenu excessivement compliqué. L'organisation de sorties, de classes vertes, de classes thématiques est limitée faute de budget, d'ambition ou tout simplement en raison de la lassitude et de la démotivation des enseignants. L'école est aussi un monde souvent tourné sur lui-même, non à cause des enseignants, mais du fait du système : par exemple, les directeurs d'établissement ne sont autorisés à s'occuper de pédagogie que depuis très peu de temps. Et bien peu s'en sont encore saisi.

Oui, l'école doit changer tout en préservant ses valeurs d'égalité, de transmission et d'excellence. Elle doit pouvoir insuffler avec plus de facilité la créativité, la coopération, la bienveillance, elle doit aider les élèves à faire l'expérience de la joie au quotidien, et à exprimer le meilleur d'eux-mêmes pour réussir leur vie. Elle pourra ainsi contribuer au bonheur de nos enfants plus qu'elle ne le fait aujourd'hui.

L'important c'est d'opérer un changement des pensées et des pratiques : du côté des enseignants mais aussi des élèves, des parents d'élèves et de leurs représentants, et des responsables politiques. Ceci afin de converger en mettant en place de nouvelles pratiques, concrètes et adaptées aux besoins d'aujourd'hui, qui viendraient d'un processus participatif.

Ce livre souhaite contribuer à ce que les parents soient plus confiants dans le potentiel de leurs enfants, dans leur capacité à changer leur façon de vivre, de gagner de l'argent, de réussir ; car il n'y a pas qu'une seule façon de faire, qui serait la nôtre ! Pour commencer, je vous invite dès maintenant à faire un premier exercice : un bilan de votre propre scolarité.

EXERCICE

Je prends deux ou trois minutes pour réfléchir à ma scolarité

→ Que représente l'école pour moi ?

→ Qu'est-ce que j'ai vécu quand j'étais à l'école ? au collège ? au lycée ?

→ Qu'est-ce que j'attends de l'école aujourd'hui pour mes enfants ?

→ J'identifie mes blessures et mes déceptions.

→ J'identifie ce qui a changé dans l'école d'aujourd'hui.

Un système qui coûte cher pour un résultat décevant

« L'école a failli à sa mission à Neuilly comme à Argenteuil. À la différence qu'à Neuilly, ça ne se voit pas. » Céline Alvarez

« Un milliard cinq cent vingt-cinq millions d'euros par an. C'est le vrai prix du bac, monument historique mais exercice particulièrement coûteux[1]. »

Ce diplôme revient d'autant plus cher que la majorité des jeunes seront présélectionnés sur leur dossier scolaire pour avoir accès aux études supérieures, dossier qui inclut les résultats de la classe de première et des premier et deuxième trimestres de la classe terminale. L'examen ne sert-il qu'à mettre les jeunes sous pression en les lançant dans une compétition ?

Le bac est un diplôme indispensable pour entrer dans le monde du travail mais il n'ouvre pas beaucoup de portes à lui tout seul. C'est un peu « chacun pour soi », ce qui fait les beaux jours d'entreprises comme Acadomia (première entreprise de cours à domicile cotée en bourse). Ainsi une deuxième école, payante, émerge et creuse encore plus les inégalités sociales.

Déjà en 1963, Pierre Bourdieu disait, à propos du système éducatif : « Cela fait plus de cinquante-cinq ans que l'on constate que la classe ouvrière ou les milieux modestes n'ont pas les mêmes possibilités d'accéder aux grandes écoles et à l'université[2]. »

Céline Alvarez est enseignante dans le primaire. Pendant trois ans, elle a porté un projet innovant dans un quartier reconnu « zone d'éducation prioritaire » à Gennevilliers. Son objectif était d'actualiser l'héritage de la pédagogie Montessori au regard des dernières découvertes en

1. Mattea Mattaglia, « Le coût caché du bac : 1,5 milliard d'euros », www.lemonde.fr, 10 juin 2013.
2. Article paru dans *Le Monde de l'éducation*, 11 septembre 2012.

sciences du comportement et en neurosciences. Ce projet a obtenu des résultats spectaculaires. Elle en tire notamment comme conclusion que « l'école a failli à sa mission à Neuilly comme à Argenteuil. À la différence qu'à Neuilly, ça ne se voit pas ». Aujourd'hui elle continue son travail hors des murs officiels de l'Éducation nationale[1].

Sur son blog, elle indique que 300 000 élèves, soit 40 % d'une classe d'âge, sortent chaque année du primaire avec des acquis insuffisants en écriture et en mathématiques. Ce qui génère beaucoup de souffrance chez l'enfant, dans les familles, et même une certaine forme de violence à l'école.

140 000 jeunes sortent chaque année du système scolaire (premier et second degrés) sans avoir obtenu de diplôme validant leur formation initiale (baccalauréat ou diplôme à finalité professionnelle). L'étude Pisa[2] compare tous les trois ans les systèmes éducatifs des pays de l'OCDE. Elle nous apprend qu'entre 2000 et 2012, la proportion des élèves de 15 ans en difficulté est passée de 15 à 23 %.

Et pourtant des solutions existent. Écoutons par exemple l'orthopédagogue et chercheur belge Joseph Stordeur[3] : « Je travaille avec une institutrice de maternelle pour changer les pratiques en tenant compte des neurosciences. Les résultats ont dépassé nos espoirs. »

Et à l'université ?

À l'université, on sait que le taux d'échec en première année est alarmant. Le constat n'est certes pas nouveau ; en 2012-2013[4], seulement 43,8 % des personnes inscrites en première année de licence sont passées en deuxième année ; 29 % ont redoublé et

1. Blog : lamaternelledesenfants.wordpress.com
2. Pisa : Program for International Student Assessment.
3. Auteur de *Comprendre, apprendre, mémoriser. Les neurosciences au service de la pédagogie*, De Boeck, 2014 ; *Prof*, n° 25 (voir www.enseignement.be).
4. « La réussite et l'échec en premier cycle », étude réalisée par la Direction de l'évaluation, de la prospective et de la performance (DEPP) du ministère de l'Enseignement supérieur.

27,2 % sont sorties du système universitaire. De son côté, le taux de réussite atteint 88 % en licence professionnelle. Les raisons du taux d'échec en première année sont multiples : mauvaise orientation, rythme de travail et autonomie différents. Il y aurait une autre explication : beaucoup de titulaires du bac pro n'ont pas eu de place dans les filières IUT ou BTS, là où ils auraient eu les meilleures chances de réussite, car les places sont prises par les étudiants des bacs S et ES qui ne veulent pas ou n'ont pas le niveau suffisant pour faire des études longues (université, écoles de commerce et d'ingénieur après bac, classes préparatoires...)[1]. Tout fonctionne comme si les efforts étaient concentrés sur le bac, avec toute sa force historique et symbolique, et que cela permettait de cacher le gâchis qui se produit par la suite. Nous ne pouvons pas continuer à créer autant d'exclusion, d'injustice mais aussi de compétition[2].

Le pourcentage de jeunes accédant à un diplôme de l'enseignement supérieur est à peine supérieur à 40 % en comptant les étudiants de bac + 2 et bac + 3, et atteint à peine 30 % si on se limite aux bacs + 3. Lors de sa visite des campus de grandes écoles sur le plateau de Saclay en septembre 2015, François Hollande annonçait l'objectif ambitieux d'amener 60 % d'une classe d'âge à un niveau d'enseignement supérieur. Il annonçait aussi un programme d'investissement de 10 milliards d'euros en 2016[3].

Il est donc toujours question d'objectifs quantitatifs (d'investissements financiers) et rarement de méthode de bien-être, de motivation et d'objectifs qualitatifs en général. N'oublions pas que le bonheur au travail est une vraie source d'efficacité, un vrai objectif gagnant-gagnant. Pourquoi ne le serait-il pas à l'école ?

1. Compte-rendu de travail de la Commission des affaires culturelles et de l'éducation, 16 mars 2013, et Rapport pour la stratégie nationale de l'enseignement supérieur (StraNES), 8 septembre 2015.
2. Marine Messina, « Qui sont les jeunes en décrochage scolaire ? », www.lemonde.fr, 21 novembre 2015.
3. *Le Monde de l'éducation*, 17 septembre 2015.

Une course infernale

Dès le CP[1], l'angoisse touche de nombreux parents qui font des réflexions comme « Et si mon enfant prend du retard ? ». Chaque fois que l'école propose une innovation, les questions fusent : « Ne faut-il pas privilégier les maths et l'orthographe ? », « Nos enfants ne vont-ils pas prendre du retard avec cette façon de faire ? » Le chronomètre est enclenché ; on le consulte bien souvent : « On est à la Toussaint et ma fille ne sait pas lire ; est-ce grave ? » À la première absence d'un professeur, l'anxiété naît ; si l'absence se prolonge, la pétition ou la manifestation est envisagée. Cela provoque une forte pression des parents sur l'école.

Cette pression se poursuit tout au long des études. Un exemple, avec cette réflexion récemment entendue : « Je sais que mon fils serait plus à son aise en première STMG[2], mais ne faudrait-il pas quand même qu'il aille en ES[3] pour préserver toutes ses chances ? La section STMG n'est-elle pas une voie de garage ? » Les parents ont beaucoup de peine à affronter des questions du type : « Votre enfant ne se trouvera-t-il pas mieux dans une section moins réputée mais dans laquelle il sera motivé et à l'aise, plutôt que dans une section où il sera rapidement à bout de souffle ? » Jeanne Siaud-Facchin, psychologue spécialiste des surdoués, nous dit d'ailleurs que 80 % des consultations des parents chez un psy pour leur enfant sont dûes à des problèmes scolaires. Les parents se demandent pourquoi ils ne sont pas de bons parents. Les familles culpabilisent très vite. Le recours au psychologue n'est pas la bonne réponse à chaque fois.

En raison d'un manque de connaissance de leur enfant et de ses qualités, ou de ses compétences, les parents suivent les dernières recommandations entendues ou autres idées reçues. Parents et jeunes

1. Cours préparatoire.
2. Sciences et technologies du management et de la gestion.
3. Économique et social.

agissent souvent sous la pression pour toutes les questions d'orientation et de choix professionnel.

Est-ce que l'augmentation de la rotation du personnel et surtout du syndrome d'épuisement professionnel (le fameux *burn-out*) dans les entreprises ne serait pas un des résultats de cette course à l'aveugle ? Attention à l'épuisement psychologique. La Smerep, mutuelle étudiante, a mesuré que 66 % des étudiants sont stressés et usés psychologiquement, 50 % ont perdu confiance en eux et ne se sentent bons à rien, 49 % dépriment ou manquent d'espoir[1].

> *Samuel, à quelques mois de passer son bac, ne supporte plus l'école. Comme il a été poussé en terminale S malgré un niveau insuffisant et un projet professionnel qui ne l'exige pas, l'institution lui a accordé des aménagements d'horaires de cours sous la forme d'un PAI (projet d'accueil individualisé). Mais rien n'y fait. Il se retrouve dans mon cabinet à la suite d'une fugue et je commence avec lui un accompagnement sur la connaissance de lui-même, de la gestion de son stress et de ses émotions, et sur la manière de fixer des objectifs.*

Dans ce livre, nous vous proposerons donc de nous attaquer plutôt à cette question : comment peut-on au quotidien accompagner son enfant pour qu'il ait une scolarité heureuse ?

L'entrée dans le monde du travail

D'une part, on assiste à un rallongement des études qui coûte cher et parfois endette les étudiants. On voit de jeunes salariés qui ont du mal à donner du sens à leur vie, à s'intégrer dans le monde de l'entreprise. Une situation courante aujourd'hui et qui est source de souffrance : vivre encore à 20, 25 voire 28 ans chez ses parents.

1. Étude de 2013 citée dans http://enseignementsup.blog.lemonde.fr/2013/10/14/etudiants-et-deja-uses/

D'autre part, on constate que certains employeurs n'appréhendent plus leurs jeunes recrues sous l'angle d'une ressource humaine mais plutôt d'un coût salarial que la précarité permet de minimiser. Le manque d'expérience ou de connaissance du métier de la part des jeunes salariés représente un risque que les employeurs n'osent plus assumer dans un environnement de plus en plus concurrentiel. Ils leur préfèrent des salariés immédiatement opérationnels[1]. Cela se traduit par un taux de chômage des jeunes qui dépasse 25 % à fin 2015 en France (et 22 % dans la zone euro).

Paradoxalement, nombre de secteurs – tels l'agriculture, l'hôtellerie-restauration ou encore le bâtiment – jugés trop pénibles, mal payés et peu valorisants ne trouvent plus de recrues pour des postes d'ouvriers qualifiés et d'encadrement de terrain. Sans compter la méconnaissance des chiffres du marché. Par exemple, il y a plus d'emplois en France dans la filière du bois (de l'exploitation de la forêt aux dernières transformations) que dans la filière automobile, laquelle attire pourtant toujours les jeunes. Les déséquilibres du marché de l'emploi ont, de ce fait, plutôt tendance à s'accentuer[2].

Et le comble c'est que des entreprises commencent à réaliser et à dire explicitement qu'elles ont du mal à trouver des salariés en bonne santé psychique et qui arrivent à gérer la pression.

Il existe cependant des mouvements dans le monde professionnel qui vont dans le sens du bonheur au travail. On en trouve des traces ou même des engagements concrets dans la tendance vers ce qu'on appelle la « responsabilité sociétale des entreprises » (RSE), dans les sociétés coopératives et participatives (Scop), dans les entreprises plus « militantes » parfois qualifiées d'« entreprises libérées ». On y parle des valeurs de coopération, de travail en équipe, où chacun se sent à sa place et peut exprimer ses savoirs et ses talents dans l'intérêt collectif.

1. Gérard Fonouni, « Emploi : jeunesse en détresse ! », www.lemonde.fr, 29 septembre 2010.
2. « L'adéquation formation-emploi, le nouveau challenge », www.leconomiste.com, 26 mars 2013.

Et si nous travaillions dès maintenant à « fabriquer » les futurs salariés que nous aimerions avoir comme patron ? Et si, pour encourager ce mouvement, pour lui donner plus d'ampleur et de chances de réussite, nous nous engagions à transmettre au quotidien ces valeurs à nos enfants dès aujourd'hui ?

Quelle école pour demain ?

« La société parfaite est celle où la possibilité de la réalisation de soi serait offerte à tous les individus. » Abraham H. Maslow

Ce qu'on attend de l'école

Il existe un immense besoin de « réenchanter l'école et l'éducation », comme le soulèvent un grand nombre d'acteurs tels Julien Gautier et Guillaume Vergne (enseignants), Karine Hazevet (auteur de *L'Éducation, une stratégie pour réanchanter la vie*[1]), Pascal Balmand (secrétaire général de l'Enseignement catholique) ou Antonella Verdiani (présidente du Printemps de l'éducation[2]).

Les principaux acteurs de la société ont des attentes nettement contradictoires et hétérogènes vis-à-vis de l'école :

- le gouvernement : paix sociale, valeurs, identité, compétition territoriale ;
- les entreprises : salariés mieux formés et qualifiés, actualisation permanente de leurs compétences, adaptation à la compétition économique ;
- les enseignants : transmission des savoirs, lutte contre les inégalités, ouverture à la culture, élévation de l'individu ;
- les familles : que leur enfant décroche un emploi (de préférence à un niveau supérieur au leur), que l'école forme des citoyens, leur donne accès à la culture et leur apprenne à vivre ensemble.

1. Le Souffle d'Or, 2011.
2. Association qui se présente comme « une alliance citoyenne pour un renouveau de l'éducation ».

1001 idées pour l'école...

En juin 2015, Jérôme Saltet, président de l'entreprise Play Bac (éditeur du journal *Le Petit Quotidien* et de la collection « Les Incollables »), participait à Paris à une journée dédiée à la question « Comment réenchanter l'école ? ». Il y présentait le travail d'enfants et d'adolescents, réalisé en partenariat avec l'académie de Versailles, sur l'innovation de l'école, ainsi que le dernier ouvrage de Ken Robinson, *Trouver son élément*[1]. Le matin, différents groupes de jeunes des classes primaires à la terminale avaient réfléchi sur une définition de l'école idéale à leur yeux. L'après-midi, ils ont rendu leur copie. Voici quelques-unes de leurs idées, non dénuées de bon sens :

Les élèves du primaire

- Avoir une école ouverte au monde où les parents puissent participer davantage et apporter leurs expériences.
- Faire intervenir des témoins connus ou non pour qu'ils parlent de leur travail et de leur parcours de vie.
- Donner plus de place à la nature, aux espaces verts.
- Avoir davantage de proximité avec les professeurs.
- Veiller à plus d'équité de la part des enseignants envers les élèves (nous avons remarqué que les bons élèves étaient plus favorisés que les moins bons).

Les élèves du collège

- Permettre aux élèves d'organiser le programme des sorties.
- Découvrir de nouvelles matières.
- Donner plus de place aux nouvelles technologies.
- Avoir accès aux salles de repos ou de sport plutôt que d'aller en permanence.
- Mettre en place des coefficients par matière en fonction des élèves.

---

1. *Trouver son élément. Comment découvrir ses talents et ses passions pour transformer sa vie !*, Play Bac, 2015.

- Apprendre à gérer le quotidien : cours d'économie familiale, gestion de budget, cuisine…

Les élèves du lycée

- Avoir un tronc commun de matières et plus d'options.
- Élaborer des projets de groupe.
- Faire davantage de travaux manuels.
- Effectuer le stage de découverte de l'entreprise en seconde (plutôt qu'en troisième) car l'année se termine plus tôt en raison des examens du bac.
- Avoir des cours pour comprendre le monde.
- Apprendre à se connaître : ses forces, ses limites, ses talents, ses compétences…
- Améliorer la formation des professeurs.
- Avoir des cours en langue étrangère.
- Favoriser les échanges internationaux, les jumelages entre classes européennes.
- Avoir des classes moins chargées.
- Permettre à chaque élève d'être plus acteur dans ses apprentissages et de collaborer davantage.

La prospective, qu'est-ce que c'est ?

C'est la science qui essaye d'imaginer, d'anticiper les changements de la société pour mieux répondre aux besoins des familles, des entreprises, des États dans les années à venir.

> *Prenons un exemple à petite échelle : une municipalité peut travailler avec un démographe pour anticiper les besoins de sa population en termes de création de crèches ou d'ouverture de classes maternelles, puisqu'il faut compter six ans pour un projet immobilier (depuis l'intention initiale jusqu'à l'ouverture des bâtiments) alors qu'il ne faut que neuf mois pour faire un enfant… et encore moins pour déménager !*

Quelques questions que la prospective peut poser au sujet de l'école :

- Quelle école voulons-nous pour 2025 ?
- Va-t-on vers une « ubérisation[1] » des métiers de l'enseignement ?
- La mondialisation d'un modèle de formation standardisée au travers des Mooc (*massive open online course*, que l'on peut traduire par « cours en ligne ouvert à tous ») est-elle souhaitable ?

Mais aussi :

- Quelles sont les nouvelles tendances, les nouvelles révolutions techniques, sociétales... qu'il est bon de connaître, car elles pourraient préfigurer le futur, et à côté desquelles il serait dommage de passer ?
- Comment garder son attractivité ? Où placer en priorité l'investissement, les besoins en personnel, etc. ?

Savez-vous qu'entre 2006 et 2009, une initiative individuelle aux États-Unis a permis de créer une base de plusieurs milliers de vidéos destinée aux écoliers : la Khan Academy. Son créateur, Salman Khan, dit que « ceci pourrait être l'ADN d'une école dans le monde réel où les étudiants passeraient 20 % de leur journée à regarder des vidéos et à s'exercer à leur rythme, et le reste de leur temps à construire des robots, peindre des tableaux, composer de la musique ou toutes sortes d'autres choses[2]. »

Une version française de cette base a été commencée en septembre 2014 par Bibliothèque sans frontières et la Fondation Orange[3]. Elle comptait 140 000 inscrits en décembre 2014 lors d'une présentation à Saint-Étienne. Il aura suffi de « seulement » 700 000 euros.

---

1. Mise à disposition de compétences et de matériel à la demande sur le modèle de l'entreprise Uber.
2. fr.wikipedia.org/wiki/Khan_Academy
3. S. B., « Une école numérique mondiale présentée à Saint-Étienne », www.zoomdici.fr, 6 décembre 2014.

Olivier Bréchard travaille comme consultant sur les questions d'éducation et sur ce que pourrait être l'école de demain. Lors d'une entrevue, il me livre quelques questions auxquelles il est confronté :

- de quoi les entreprises ont-elles besoin ?
- comment aider une nation à rester dans la modernité et à conserver ses valeurs et son identité tout en accueillant des populations diverses ?
- comment être uni à l'intérieur de son territoire pour offrir appartenance, sécurité et bien-être à la population ?
- comment donner du travail en anticipant la révolution technologique tout en étant fort à l'extérieur pour exporter ses savoirs mais aussi pour peser dans les décisions du monde.
- comment être influent ? Ne pas se laisser dépasser ? Être reconnu dans le classement universitaire ? Déposer des brevets ? Innover ? Et, pourquoi pas, gagner des prix Nobel ?

Ces questions, qui sont l'objet d'enjeux économiques et même géopolitiques, appellent des investissements financiers importants.

Métiers, innovation technique et école

Souvenez-vous : en 1766, un nouveau métier naissait à Paris, lié à une innovation technologique : allumeur de réverbère. Cent ans plus tard, cette profession disparaissait avec l'arrivée d'une autre innovation technologique : l'électricité ! Il en fut de même pour le poinçonneur du métro, celui que chantait Gainsbourg en 1958.

Je me rappelle ma formation de photographe. Le professeur nous expliquait que, dans les cinq ans qui suivraient, le monde de la photographie allait connaître une révolution – celle de la photo numérique – qui allait entraîner la cessation d'activité de beaucoup de photographes. Mes parents payaient une formation déjà obsolète.

Aujourd'hui, il y a à peine quatre ou cinq banques d'images au monde. Tout le monde peut, en quelques clics, acheter des photos sélectionnées parmi des millions, le tout pour moins d'un euro. Cela ne fait effectivement pas vivre beaucoup de photographes...

Notre époque voit ainsi disparaître certains métiers et se créer de nouveaux, comme le gestionnaire de base de données, le *community manager* et d'autres que nous ne connaissons pas encore. Voilà pourquoi il faut une bonne base générale de formation pour permettre à chacun de s'adapter, voire de créer son métier.

L'économiste autrichien Joseph Schumpeter (1883-1950) nous parlait de la « destruction créatrice ». Il expliquait, dès 1911, que depuis la révolution industrielle on supprime des emplois peu qualifiés pour en créer d'autres qui le sont de plus en plus.

Aujourd'hui, nous sommes entrés dans une mutation profonde de nos sociétés, parfois appelée « troisième révolution industrielle[1] », qui fait la fusion entre les technologies de l'information, la biologie et la technique. L'équilibre mis en évidence par Joseph Schumpeter a peu de chance de résister à cette révolution-là.

Hier, une entreprise familiale mettait plus de cent ans à devenir une multinationale comme Carrefour, Peugeot, Renault, Saint-Gobain, Bouygues... Elle faisait travailler des dizaines de milliers de personnes sur plusieurs générations. Aujourd'hui, en l'espace de cinq à dix ans, certaines entreprises deviennent des multinationales en position de quasi monopoles – comme Amazon, BlaBlaCar, Google, Uber – modifiant ainsi profondément nos usages mais aussi notre économie. On en compte une poignée : elles font travailler quelques dizaines ou quelques centaines de personnes, rarement plus ! Entrées dans une course pour occuper une place mondiale, elles ne seront, à la fin, plus qu'une ou deux par domaine d'activité.

D'après l'université d'Oxford, 50 % des métiers seront automatisables d'ici à vingt ans. Toutes les professions sont touchées. Savez-vous que

1. D'après l'essai de Jeremy Rifkin, *La Troisième Révolution industrielle. Comment le pouvoir latéral va transformer l'énergie, l'économie et le monde*, Éditions LLL, 2012.

de plus en plus de boutiques en ligne utilisent déjà des mannequins virtuels ?

Aux États-Unis, plus d'un tiers des travailleurs, soit plus de 45 millions de personnes, sont indépendants ! D'ici à 2020, le nombre d'indépendants (ou free-lance) devrait même dépasser celui des salariés[1]. La France résiste mais elle connaît ce même mouvement. Pour certains, c'est l'aventure du XXIe siècle : créer son entreprise. Pour d'autres, c'est une nécessité.

Pourquoi est-ce que je vous parle de cela aujourd'hui ? Parce que beaucoup de jeunes gens sont encore formés à des métiers et à des méthodes de travail qui n'existeront plus dans dix ou vingt ans ou qui connaîtront une profonde réorganisation. Nous changeons de modèle économique.

Nous devons apprendre à nos enfants à être créatifs et stimuler leur créativité, à s'adapter et faire des choix ; il faut leur apprendre à travailler à plusieurs, à développer la coopération, il faut permettre à chacun d'être utile et d'exprimer ses compétences. Posons la question autrement : comment permettre à chacun d'être bien formé et de trouver sa place ? Et surtout : comment donner du sens à son travail et à sa vie ?

Ce qui bouge dans certaines écoles

En France, des milliers d'initiatives voient le jour dans les classes grâce à des enseignants qui mettent en place un apprentissage bienveillant et qui intègrent les outils de la pédagogie positive. D'autres vont plus loin et créent leurs propres écoles, bien souvent peu connues. En voici quelques-unes, à titre d'exemples :

L'École du domaine du possible, à Arles. Créée en septembre 2015 par François et Jean-Paul Capitani, dirigeants de la maison d'édition

1. MBO Partners, « CDI, salariat, contrats : ce sont des modèles dépassés. Devenez vos propres employeurs », article cité par *L'Obs*, Le Plus, 6 octobre 2015 (leplus.nouvelobs.com).

Actes Sud, cette école s'inspire de la pédagogie de Steiner-Waldorf, pédagogie de l'expérience : éduquer sans blesser, sans harceler. Cette école est soutenue par un grand nombre d'intellectuels comme Edgar Morin, Pierre Rabhi…

L'École dynamique, à Paris. Partant du postulat que les jeunes ont soif d'apprendre autrement, elle les rend ici auteurs et responsables de leur propre éducation au sein d'un collectif qui donne la parole autant aux élèves qu'aux enseignants et aux parents. C'est une forme de démocratie participative, y compris pour les enfants de 3 à 19 ans, sans cloisonnements, inspirée des écoles Sudbury-Walley : la responsabilité de soi comme premier pilier de l'éducation.

Le cours Alexandre-Dumas, à Montfermeil, a été créé par la fondation Espérance Banlieues. Il est parrainé par Harry Roselmack. Cette école propose une éducation alternative. Elle chercher à favoriser l'accès de tous les enfants de banlieue à une instruction de qualité et adapte les rythmes scolaires aux enfants et aux familles. Trois autres établissements de ce type ont été ouverts à ce jour.

Je suis convaincue que ces écoles sont sur la bonne voie. Elles s'attachent à proposer aux familles un cadre qui favorise la joie. Elles donnent la possibilité aux enfants de s'épanouir, d'être heureux et donc de mieux se préparer aux mutations à venir. Elles appliquent ces priorités :

- éviter l'épuisement psychologique des enfants;
- préserver leur plaisir d'apprendre;
- transmettre l'amour de soi et la confiance dans la vie;
- promouvoir la coopération et la bienveillance au moyen de l'expérience directe;
- éduquer à l'autonomie et à la responsabilité.

Je suis convaincue que ce sont des paramètres indispensables pour être en bonne santé physique et psychologique, pour affronter les difficultés du monde du travail et celles de la vie, pour s'adapter, pour créer, pour être pleinement acteur de sa vie. Je vous propose de mettre en pratique cette pédagogie positive en commençant par découvrir comment fonctionne le cerveau humain et par comprendre les mécanismes de l'apprentissage. Tout au long de ces pages, vous trouverez des outils concrets : il ne tient qu'à vous de les utiliser pour faire de vos enfants des enfants heureux.

2

COMMENT VOTRE ENFANT APPREND

Le temps de l'enfance

Les enfants en voie de disparition

« Le bout du monde et le fond du jardin contiennent la même quantité de merveilles. » Christian Bodin

Retour vers le futur : un communiqué de presse publié par l'ONU en novembre 2058 explique qu'elle vient d'inscrire sur la liste des espèces en voie de disparition une catégorie assez surprenante : les enfants !

Au-delà de la boutade, ce qui est sûr c'est qu'aujourd'hui beaucoup d'enfants ne jouent plus à cache-cache, ne construisent plus de cabane au fond du jardin, ne s'installent plus au calme avec un bon livre. Au lieu de cela, ils sont en contact permanent avec un monde de divertissements numériques tels que la télévision, le jeu vidéo, les smartphones, les réseaux sociaux…

Pierre Rabhi, philosophe et agriculteur, nous parle des hommes « nés hors sol ». Il nous interroge en nous demandant s'il y a « une vie avant la mort » et, dans une de ses interventions TED[1], il nous dit que « nous vivons dans des boîtes » : nous naissons dans une boîte qui s'appelle la maternité ; nous passons notre enfance et notre jeunesse, de la maternelle à l'université, dans des bahuts ; nous travaillons dans des petites ou grandes boîtes ; nous allons nous amuser et nous divertir dans des discothèques – les boîtes de nuit – en prenant notre

1. « 18 minutes pour changer le monde », c'est l'objectif que visaient les fondateurs de la première conférence TED (*technology, entertainment and design*) en 1984 à Monterey, aux États-Unis. Des prises de parole limitées, exécutées par des orateurs prestigieux, qui viennent donner leur vision du monde et leurs idées « pour le rendre meilleur ». Le site Ted.com compte aujourd'hui 1,5 million de visiteurs uniques par mois ! Désormais, des groupes de bénévoles peuvent créer leur propre conférence sous le label TEDx, à condition d'avoir été validé au préalable par l'organisation mère américaine. En 2015, plus de 13 000 événements TEDx ont eu lieu à travers le monde, en 47 langues. (Note extraite de A. Gastine et C. Quenault, *Parler en public à l'ère de la communication numérique, c'est facile*, Albin Michel, 2016.)

« caisse ». Certains plus chanceux que d'autres vont faire un séjour dans une boîte nommée « hôpital », pour enfin finir dans la dernière boîte, entre quatre planches[1] !

De plus en plus d'enfants naissent dans les grandes villes. Nos enfants sont même la troisième voire la quatrième génération qui naît dans ces grandes « boîtes » complètement déconnectées du vivant, coupés de la nature.

Quand, dans les années 1990, je présentais mes travaux photographiques sur le bonheur, les enseignants me faisaient déjà part du fait que les principaux trajets de la plupart des élèves étaient domicile-école et école-supermarché. Dans une petite ville comme Miramas, beaucoup d'enfants ne s'étaient même jamais promenés dans les vignes alentour.

Une enquête menée en Languedoc-Roussillon en 2008 et publiée par le Commissariat général au développement durable (CGDD) estimait que « 70 % de tous les déplacements des enfants de 6 à 14 ans sont effectués en voiture ».

Le médecin britannique William Bird a publié en 2007 une carte sur laquelle on peut voir le rayon des déplacements à pied des enfants de 8 ans se réduire au fil de quatre générations. Il l'a montré en suivant la famille Thomas, qui vit et marche depuis quatre générations dans la même ville de Sheffield, dans le nord de l'Angleterre. Les conséquences sont nombreuses pour les enfants. On s'aperçoit que leur endurance physique a régressé. Beaucoup ne sont pas à l'aise dans la nature : elle fait peur à certains, d'autres s'y ennuient. La plupart ont du mal à faire une randonnée et à rester en mouvement longtemps.

Dans son livre *Le Dernier Enfant des bois*, Richard Louv[2] nous parle du « syndrome de nature déficient », des conséquences

1. Conférence « Y a-t-il une vie avant la mort ? », Paris, janvier 2011.
2. *Last Child in the Woods: Saving Our Children from Nature-deficit Disorder*, Atlantic Books, 2010.

psychologiques, affectives et physiques qu'entraîne une vie coupée de la nature : augmentation de l'obésité et des risques cardio-vasculaires.

Aux États-Unis, le Centre de la santé liée à l'environnement estime que jouer dans la nature est source de bienfaits et contribue à résoudre de nombreux troubles :

- hyperactivité ;
- prise de poids ;
- hypertension ;
- diabète ;
- dépression ;
- stress ;
- mauvaise qualité du sommeil.

Et à améliorer certaines aptitudes :

- sens de l'observation ;
- concentration ;
- créativité ;
- mobilité ;
- motricité ;
- aptitude sociale ;
- acquisition du langage ;
- cohésion sociale.

En milieu urbain, il y a peu de vie animale dans les espaces verts ni une grande variété de végétaux. Les activités y sont souvent limitées : pelouses et jeux de ballon interdits, bacs à sable retirés pour des questions d'hygiène…

Nous donnons à nos enfants une perception fausse de la nature. Nous recherchons continuellement un confort illusoire. Nous voulons éviter le risque alors que celui-ci fait partie de la vie. Nous voulons tout réglementer, normaliser et aseptiser.

Ces dernières années, même la fréquentation des traditionnelles colonies de vacances a diminué en raison de l'augmentation des coûts d'encadrement dus au durcissement de la réglementation en matière de sécurité. Elles donnaient pourtant à beaucoup d'enfants issus de milieux modestes ou défavorisés l'occasion de découvrir un univers différent de celui de la ville et d'apprendre en dehors du cadre scolaire.

POUR ALLER PLUS LOIN

Une belle initiative

Certaines villes ont développé des « pédibus » : ce sont des circuits sécurisés qui permettent aux enfants d'aller en groupe à pied, à trottinette ou à vélo à l'école, sous la conduite de parents bénévoles. L'initiative a été lancée pour réduire l'usage de la voiture et désengorger les rues les plus encombrées le matin. Cela permet aussi aux enfants de faire une activité physique avant de passer la journée assis ; et cela en toute sécurité grâce à la présence d'un adulte.

La nature est thérapeutique

L'importance de la nature a été déjà mise en avant par Maria Montessori, Célestin Freinet et d'autres éducateurs. Dans le cadre de son approche éducative, Maria Montessori demandait aux enfants d'apporter une plante en classe, chacun ayant la charge de s'occuper de la sienne. Une étude japonaise a montré que les classes où les élèves s'étaient occupés de plantes obtenaient un meilleur taux de réussite aux examens.

L'architecte Sabine Chardonnet-Darmaillacq s'inquiète également : « Quelle est la représentation de ce que c'est qu'être dehors et de ce qu'est la rue quand on nous a interdit d'y marcher toute notre enfance ? C'est le rapport au monde des enfants qui est transformé[1]. »

Des centres d'insertion ont créé des jardins thérapeutiques dans des hôpitaux. Prendre le temps de sentir, d'apprécier, d'observer, de s'émouvoir d'un paysage, d'une fleur… permet de réduire les effets du stress et de l'angoisse. S'occuper d'un jardin, c'est se mettre en lien avec la vie, c'est prendre conscience des interactions de l'environnement et du vivant, c'est apprendre la patience, c'est développer le sens de l'observation, c'est comprendre qu'il n'y a pas de bonnes ni de mauvaises plantes : les plantes ont des caractéristiques spécifiques et donc besoin chacune d'un terrain particulier pour exprimer leur diversité. De la même façon, chacun de nos enfants doit trouver sa place pour exprimer ses talents propres.

L'association Seuil[2], issue de la protection judiciaire et de l'aide à l'enfance, organise de longues marches pour réinsérer des mineurs délinquants. Ces trekkings ont permis à des jeunes en grande difficulté de retrouver le goût de l'effort, l'estime d'eux-mêmes et d'acquérir une ouverture à l'autre[3]. A-t-on besoin d'être en grande difficulté pour découvrir cela ? Ne serait-il pas plus simple que les familles soient en contact avec la nature un peu tous les jours et en retrouvent les plaisirs et les bienfaits ?

Des pays européens ont pris conscience de cette coupure d'avec la nature et de ses conséquences sur nos enfants. La Suisse, la Suède et le Danemark font classe en pleine nature.

Les parents ont d'abord mal réagi : certains avaient peur que leurs enfants prennent du retard sur le programme scolaire ; d'autres s'inquiétaient qu'ils puissent se faire mal ou tomber malade. D'autres

1. Citée par *Terra Eco*, septembre 2014 (www.terraeco.net).
2. Réinsertion des adolescents en grande difficulté par la marche à pied : www.assoseuil.org.
3. Cité par le magazine *Sciences humaines*, n° 262, août-septembre 2014.

encore craignaient que leurs enfants n'abîment leurs vêtements et se salissent. Il en a été tout autrement.

Les microbes sont nos amis

Seule une très faible part des microbes connus est effectivement pathogène : la plupart des microbes vivent en symbiose avec le corps humain, c'est-à-dire dans une relation d'entraide mutuelle. Plus les connaissances progressent, plus les microbes sont considérés comme des éléments clés de notre santé.

Ils participent à la digestion des aliments, à la prévention des infections, et même, grâce aux connexions physiologiques entre les intestins et le cerveau, à la régulation de nos émotions. Joel Weinstock, gastro-entérologue de l'université de l'Iowa, interrogé par le *New York Times*, compare leur système immunitaire à « un ordinateur non programmé qui a besoin d'instructions[1] ».

Savez-vous que l'on peut attraper la grippe même en été ? Pourquoi est-ce rarement le cas ? Parce qu'aux beaux jours on est dehors, on bouge davantage. On ne reste pas dans des lieux confinés, non aérés et souvent trop chauffés.

---

1. Cité par le blog Santé des enfants et environnement, août 2015.

ASTUCE

4 bonnes habitudes anti-microbes

– Chauffez moins votre logement, particulièrement la nuit (et compensez en dormant avec une bonne couverture).
– Ouvrez quotidiennement les fenêtres et diffusez régulièrement des huiles essentielles dans l'atmosphère[1].
– Lavez-vous très souvent les mains à l'eau et au savon (valables particulièrement pour les enfants).
– Consommez du miel[2] tous les matins.
Résultat : moins de gastro-entérites, de grippes et de maux de gorge !

Apprendre dans la nature

La nature offre une multitude de possibilités d'apprentissage, en termes de stimulation de la psychomotricité, de développement du langage oral et du vocabulaire, de la capacité à se repérer dans le temps et l'espace. Parler de la météo en restant assis derrière une vitre, feuilleter un livre sur les papillons, c'est bien… Mais vivre réellement les saisons et observer les insectes dans la nature, c'est mieux !

Ainsi, les classes nature sont une invitation au bonheur d'apprendre. Elles donnent chaque fois l'occasion de nouvelles découvertes. Pendant ces sorties, les élèves se montrent souvent très différents de ce qu'ils sont dans leur classe.

Lors des premières sorties en forêt, Camille, élève d'une classe nature, n'était pas à l'aise, alors un petit camarade de classe lui prit la main pour l'aider à traverser une flaque d'eau.

Cette coopération entre les enfants, qui s'établit peu à peu, se retrouvera sur les bancs de l'école.

1. Consultez éventuellement l'ouvrage du Dr Jean-Pierre Willem, *Aroma Famille. 100 petits maux de la vie quotidienne traités par les huiles essentielles*, Albin Michel, 2005.
2. De qualité bio de préférence.

Les sorties hebdomadaires dans la forêt ou dans un parc créent du lien social et émotionnel entre les enfants. Elles favorisent l'imagination et la créativité. Elles n'ont pas besoin d'un but particulier, il s'agit juste d'accueillir les choses avec simplicité. En classe nature, les enfants travaillent leur capacité d'observation, d'analyse et de synthèse. Ils apprennent à compter le nombre de limaces qu'ils rencontrent ; ils peuvent aussi ranger et ordonner des bâtons de tailles différentes. L'activité physique dans les espaces naturels influence positivement les habilités motrices, le bien-être psychologique, le développement cognitif des enfants[1].

De la même manière, les crèches et les classes dans la nature ont démontré que les enfants avaient moins d'infections et un sommeil réparateur.

Au Japon, l'architecte Takaharu Tezuka a remporté en 2009 le prix de l'Institut japonais des architectes. Il a révolutionné la cour de récréation au sens propre comme au figuré : il a créé une école tout en rondeur, dont le toit est pensé et organisé comme un grand espace de jeu. « Les enfants, on ne peut pas les contrôler, on ne peut pas les protéger. Ils ont même besoin d'une petite dose de danger. Voilà qui leur apprend à vivre dans notre monde. »

On s'est aperçu que les enfants de cette école parcourent 4 km par jour. Ils ont aussi développé des capacités cognitives plus importantes et une capacité de concentration supérieure. L'architecte explique que les enfants tombent parfois et se font mal mais qu'il est important de ne pas les surprotéger et de leur apprendre la réalité de la vie. Il s'étonne également : « Nous sommes nombreux à faire du ski à -5 °C ou -10 °C ou au contraire à passer des heures sur une plage sous 40 °C, mais dès qu'il est question de nos enfants, nous voudrions les enfermer dans des boîtes, les mettre sous cloche. »

1. Série « Art d'être parent », avril 2011. http://www.excellence-jeunesenfants.ca/documents/etre_parent_2011-04.pdf

OUTIL

L'enfant évolue, ses activités aussi

Activités à proposer selon l'âge

Âge	Principales acquisitions	Activités à proposer
Nourrisson de 6 à 12 mois	L'enfant acquiert les premières habilitées motrices globales.	Donnez-lui des objets et des jouets qui lui permettent de bouger et de faire les choses par lui-même. Emmenez-le aux « bébés nageurs ». N'hésitez pas à l'emmener dehors. Évitez la télévision et les écrans.
Petite enfance de 1 à 3 ans	L'enfant commence à marcher ; il explore et découvre son univers.	Il lui faut des activités physiques non structurées : laissez-le explorer son environnement en vérifiant qu'il ne se met pas en danger. Proposez-lui des activités qui lui permettent d'attraper ou de lancer un objet ou de taper sur quelque chose, ce qui contribue à développer sa motricité.
De 3 à 5 ans	Amélioration de la stabilité ; ses pas et sa voix sont de plus en plus assurés, sa motricité s'est affinée, il est plus agile.	Activités physiques comme la marche, le vélo. Veillez à ce qu'il ait des plages de jeu libre dans la semaine.

Et surtout poursuivez les activités physiques bien au-delà de 5 ans !

Notre cerveau fonctionne vraiment mieux lorsque nous sommes en mouvement. Socrate déambulait dans les rues d'Athènes. Jean-Jacques Rousseau fuyait les bureaux et c'est en faisant de longues marches dans la nature qu'il élabora son œuvre littéraire. « On n'écrit bien qu'avec ses pieds », nous disait Nietzsche dans le prologue du *Gai Savoir*. La relation à la nature et les activités que nous pouvons y exercer développent les capacités d'attention et, par là même, le niveau scolaire.

Elles font baisser le stress, ouvrent à l'esprit de coopération et au respect du vivant. Elles permettent aux enfants d'être plus concentrés et de moins souffrir de maladies chroniques[1]. Concrètement, les enfants ne devraient jamais commencer leur travail scolaire à la maison sans avoir passé au moins 30 minutes dehors (trajet, square, pédibus…).

Dans un article du *Parisien* du 1er septembre 2015, Ségolène Royal, ministre de l'Environnement et du Développement durable, lançait un appel à candidatures auprès des établissements scolaires pour instaurer un plan d'action contre le gaspillage alimentaire. Elle proposait la mise en place de jardins potagers ou de coins nature dans les écoles. Biner, semer et voir le fruit de son travail : voilà un nouvel élément du programme scolaire à renforcer… pour le bénéfice de tous les autres. On ne peut protéger que ce qu'on connaît bien. C'est comme cela que l'École des sciences et de la biodiversité, à Boulogne-Billancourt, a installé un poulailler et un mini-jardin potager pour le plus grand bonheur des petits comme des grands.

La terre est constituée de matières organiques, de micro-organismes vivants très utiles. Elle n'est pas sale ! On appelle ça l'« humus », mot dont la racine (c'est le cas de le dire !) est commune aux mots « homme », « humain », « humanité », et aussi à « humide ». La terre, c'est la base de la vie. J'aime sentir les odeurs de la nature ; j'aime mettre les mains dans la terre ; j'aime l'odeur de cet humus humide après une grosse pluie.

Je vous invite à faire de grandes randonnées en forêt avec vos enfants ou à partir avec eux pendant trois jours à vélo. Ou encore à rejoindre les jardins partagés tels qu'on en trouve aujourd'hui dans beaucoup de villes, à visiter des fermes pédagogiques.

Pourquoi ne pas commencer tout simplement avec une jardinière sur votre balcon ? N'hésitez pas non plus à laisser vos enfants partir en colonie de vacances.

---

1. Christine Pourcel, « Les bactéries pathogènes : épidémiologie et thérapie par les bactériophages », Les Jeudis de la recherche, faculté des sciences d'Orsay, université Paris-Sud, 2012.

CARTE MENTALE

Les besoins de l'enfant pour bien apprendre à l'école

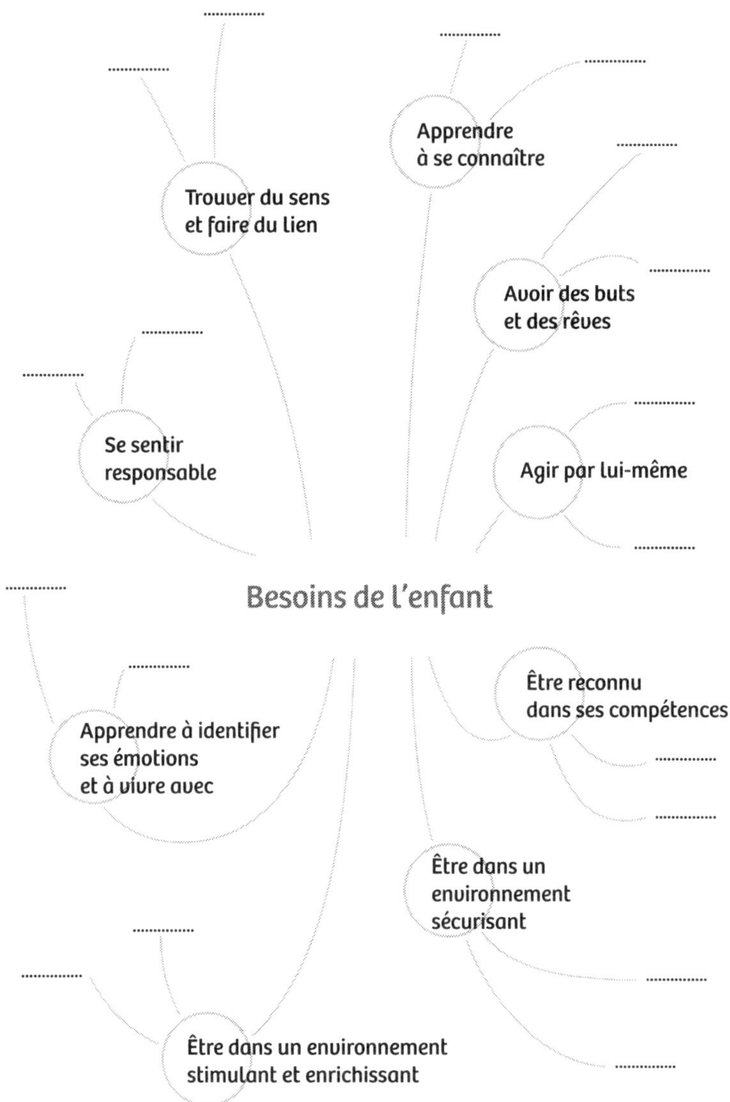

Transmettre aux enfants le plaisir d'être en relation avec la nature, le vivant, la vie, les voir prendre soin de leur jardin et en tirer de la fierté sont des éléments clés de l'apprentissage et de l'éducation à l'environnement. C'est une façon d'être heureux à l'école.

Une des ressources que je préfère sur le sujet, c'est le blog d'Émilie Lagoeyte : eveil-et-nature.com. Vous y trouverez plein de jeux et de conseils pour le bonheur de votre enfant et sa réussite scolaire.

Les écrans dévorent nos enfants

La télévision ne fait pas partie des besoins essentiels des enfants. Quelques chiffres[1] :

- 99 % des enfants regardent la télévision.
- Les enfants de 4 à 10 ans regardent la télévision 2 heures 13 minutes par jour.
- 71 % des parents d'enfants de moins de 6 ans pensent que les écrans facilitent les apprentissages des tout-petits.
- 32 % des enfants ont une télévision dans leur chambre.
- La télévision est la quatrième activité préférée des enfants.

Une étude menée en Belgique en 2005 montre que les enfants sont réellement influencés par la fréquence et le contenu des messages publicitaires. L'effet de répétition d'une publicité au moyen de stimuli visuels et sonores déclenche chez eux de l'affection pour le produit et des réactions sur les lieux de vente.

Dans les publicités destinées aux petits, la dimension affective est primordiale. Elle permet de les séduire. Les spots présentent des situations stéréotypées dans lesquelles ils peuvent s'identifier. Les messages publicitaires provoquent des envies d'imitation et de réappropriation, ce qui se répercute sur leur comportement.

1. Enquête Ipsos, septembre 2013.

De plus, les marques ont découvert que leurs messages passaient encore mieux quand les produits sont visibles dans les programmes plutôt que dans les publicités. L'insertion de produits dans les films pour adultes existe depuis des années. Il faut savoir que sur les enfants, c'est encore plus efficace. Les marques ont donc adapté leurs stratégies. À ce propos, voici deux anecdotes.

- *La société américaine Hasbro a proposé un dessin animé pour enfants mettant en scène une toupie comme personnage principal. Ce film a provoqué une forte augmentation des ventes de toupies, dont la marque a bénéficié.*
- *De son côté, en 2005, le Danois Lego, pour promouvoir une nouvelle série de figurines, a lancé non seulement un dessin animé à la télévision, mais également un jeu vidéo puis un long métrage pour le cinéma sur le thème de la saga Star Wars avec ses figurines comme héros. Lego, en difficulté jusqu'en 2003, a vu ses ventes globales progresser de plus de 60 % en deux ans.*

Du point de vue de la marque, c'est une réussite. Du point de vue de nos enfants, avons-nous conscience de cette manipulation ? La publicité s'infiltre partout et nos enfants y sont particulièrement exposés.

- *Lilou, 18 mois, est dans sa poussette pendant que sa maman fait la queue à la poste ; elle manipule avec beaucoup de dextérité le smartphone de sa mère. J'échange avec la mère qui se montre admirative, comme beaucoup d'autres parents, de la capacité de sa fille à utiliser cet objet. Et pour se rassurer sur le bon usage qu'elle en fait, elle me précise qu'elle choisit des programmes éducatifs. Mais, se demande-t-elle, quelle habitude cela donne-t-il à un enfant de 18 mois ?*
- *Je reçois Fanny pour parler de l'éducation de ses deux garçons. Elle me dit à quel point ils sont pleins d'idées pour faire des bêtises. Son fils de 9 ans n'arrive pas à finir ses devoirs parce qu'il ne parvient pas à lire le livre qu'on lui demande à l'école. « C'est ennuyeux », fait-elle remarquer.*

Ces deux exemples illustrent le phénomène de la surenchère : l'enfant habitué aux écrans est comme formaté, il a besoin d'une stimulation de plus en plus forte. À travers les jeux vidéo, il reçoit constamment des gratifications : on gagne des points ; quand on change de niveau, il y a une surprise ; c'est une compétition permanente... Et surtout, les efforts sont tout de suite récompensés ; ce qui n'est pas le cas dans la vie quotidienne, avec la lecture d'un livre, par exemple.

Aujourd'hui, sans même parler des jeux vidéo, les enfants sont souvent récompensés alors même qu'ils n'ont pas gagné ou fourni un effort suffisant ; beaucoup de clubs sportifs donnent même une médaille à tous ceux qui ont participé. On comprend bien qu'il est important de ne pas dévaloriser les uns et d'encourager tout le monde, mais de cette façon le symbole perd complètement de sa valeur. Il faut inventer autre chose.

L'enfant subit de moins en moins de contraintes. Un enfant du Web 2.0 a du mal à patienter. Il suffit de cliquer pour obtenir le dernier jeu à la mode ou la définition qu'on lui demande d'apprendre. Avec la masse d'offres gratuites à sa disposition, il jouit comme nous tous, mais depuis son plus jeune âge, d'un sentiment d'accès à tout, tout de suite. Il n'est pas capable de prendre de la distance par rapport à ce sentiment, il l'intègre et s'étonne qu'il ne soit pas généralisé. Il intègre beaucoup moins des notions, pourtant structurantes pour lui, comme le temps et l'effort... De plus, dès que l'enfant dérange l'adulte, celui-ci a tendance à chercher une solution de facilité, comme lui mettre un écran entre les mains. Ça marche à tous les coups !

Des études comportementales nous montrent des animaux utilisant de façon « intelligente » les nouvelles technologies : tablettes et autres écrans interactifs. Ne serait-ce pas une preuve que l'utilisation de ces outils, très bien conçus, ne demande pas de compétences de très haut niveau ?

Et même d'un point de vue pratique, l'usage massif des nouvelles technologies empiète sur le temps de sommeil, sur l'attention, les relations de famille, la relation à l'autre. Avec comme principales conséquences :

- l'obésité ;
- l'appauvrissement de l'imaginaire ;
- la passivité voire la dépendance.

En France, en dix ans, le taux d'enfants obèses a augmenté de 30 %. En 2008, 18 % des enfants de 3 à 6 ans étaient en surcharge pondérale, soit trois à quatre fois plus que dans les années 1970.

La publicité occupe 20 % du temps de télévision. En 2007, 87 % des publicités télévisées ciblant les enfants étaient des spots pour des produits alimentaires très gras et très sucrés. 20 000, c'est en moyenne le nombre de messages publicitaires vus par un enfant en un an.

Les jeux vidéo peuvent constituer un outil ludique et pédagogique pour les apprentissages. Il n'en reste pas moins que l'escalade et l'accumulation de violence dans les scénarios s'insinuent insidieusement dans le quotidien des familles. Un tel contexte diminue l'empathie, augmente l'agressivité, multiplie le nombre de conflits avec les figures d'autorité ou encore désensibilise à la violence[1].

Michel Desmurget, directeur de recherches à l'Inserm[2], a rassemblé les études qui montrent l'impact déterminant de la télévision sur le comportement. Il démontre la corrélation entre le temps passé à regarder la télévision pendant la petite enfance et l'apparition de troubles de l'attention des années plus tard, avec des conséquences en termes d'anxiété et de délinquance.

---

1. Exposé d'André Tricot, « L'innovation technologique au service de la pédagogie : oui, mais comment ? », www.canal-u.tv.
2. Institut national de la santé et de la recherche médicale.

Ces études sont extrêmement nombreuses :

- Les médecins allemands Peter Winterstein et Robert Jungwirth ont montré que la capacité des enfants à réaliser un dessin dépend directement du nombre d'heures passées devant la télévision[1] :

En haut : dessins d'enfants passant moins de 1 heure par jour devant la télévision
En bas : enfants passant près de 3 heures par jour devant la télévision

- De nombreuses études dans le monde démontrent une explosion de la myopie chez l'enfant due à une trop grande consommation d'écran et d'un manque de temps passé dans la nature. L'enfant ne fait plus travailler ses yeux, il n'alterne plus vision de près et vision de loin. Les habitudes se prennent dès le plus jeune âge mais leurs conséquences – ici la myopie – ne se révèlent qu'à l'adolescence.
- Le Pr Ian Morgan, de l'université de Canberra en Australie[2], met en avant le manque d'exposition à la lumière naturelle. Cette carence joue sur la production de dopamine, un neurotransmetteur.

1. Étude de 2006 menée sur 1900 enfants entre 5 et 6 ans : Peter Winterstein, Robert J. Jungwirth, « Medienkonsum und Passivrauchen bei Vorschulkindern. Risikofaktoren für die kognitive Entwicklung ? », *Kinder- und Jugendarzt*, 2006, vol. 37, n° 4, p. 205-211.
2. Étude parue en 2012 dans la revue médicale britannique *The Lancet*.

Ces trois exemples d'études scientifiques, dans des domaines très différents, convergent sur les conséquences négatives d'un usage intensif des nouvelles technologies, symbolisées par les différents types d'écrans.

Il faut noter que nous ne parlons ici que des effets directs des écrans en tant qu'outils, et non de la qualité des émissions elles-mêmes. Si on prend en compte leur piètre contenu pédagogique et la place particulièrement importante de la publicité, on mesure l'impact global que leur usage peut avoir à la longue. On peut donc aujourd'hui affirmer que la surconsommation des programmes sur écrans accessibles dans leur ensemble aux enfants nuit directement à leur scolarité et à leurs apprentissages.

Usage des écrans : poser un cadre

Voici une liste de conseils pratiques pour que les enfants aient la bonne attitude et les bonnes habitudes :

- établissez vous-même la liste des programmes que l'enfant pourra choisir : émissions, DVD…
- sélectionnez des programmes à regarder en famille ;
- choisissez des émissions de qualité ;
- laissez-vous guider par la signalétique jeunesse du Conseil supérieur de l'audiovisuel (CSA) ou ne passez outre leur préconisation qu'après avoir complètement visionné le programme ; parfois on a des surprises : des scènes peuvent vous paraître non adaptées à l'âge indiqué ou bien vous jugerez que les limites d'âge sont restrictives ;
- regardez la télé avec l'enfant, surtout les séries ou les dessins animés qu'il aime le plus ; la bonne mesure étant probablement de visionner un épisode complet au début et de continuer à y jeter un coup d'œil régulièrement.

Un autre point fondamental pour accompagner l'enfant dans son usage des différents écrans : n'hésitez pas à provoquer une conversation, discutez de ce qu'il voit à la télévision et sur Internet pour éveiller son esprit critique. Voici quelques questions simples pour initier ce temps d'échange :

- *Cette émission te plaît-elle ?*
- *Comment penses-tu que cette histoire va finir ?*
- *Que ressens-tu quand le héros (ou tout autre personnage) est en difficulté ? ou réussit ?*
- *Quelle autre solution aurais-tu ?*

Pour l'aider à gérer ses émotions et comprendre ce que l'enfant a vu, entendu et compris (… ou interprété), voici d'autres propositions de questions :

- *Penses-tu que cela peut se passer réellement ?*
- *As-tu eu peur ?*
- *Qu'est ce qui t'amuse chez ce personnage ?*
- *Qu'est-ce que tu aurais fait à la place de ce personnage ?*

Côté organisation pratique, voici différentes recommandations, maintenant largement partagées par les spécialistes :
- évitez la télévision ou Internet avant de partir à l'école ;
- évitez tout écran dans les chambres ;
- vous, parents, jouez à ses jeux vidéo. Je sais ! ce n'est pas toujours facile, surtout quand ce sont des jeux violents ; commencez donc par dire à votre enfant ce que vous ressentez par rapport à ces jeux…
- remettez les pendules à l'heure ! Définissez des plages horaires précises ; limitez la durée totale et la durée en une fois (pour ne pas être « englouti » par les écrans et apprendre à en maîtriser la consommation) ;
- ne cumulez pas télévision, jeux vidéo, smartphone et autre écran ;
- évitez de prendre les repas devant la télévision (ou autre écran) ;
- ne laissez pas les enfants de moins de 10 ans regarder le journal télévisé.

Enfin, gardez à l'esprit que ces règles générales seront d'autant mieux comprises, intégrées et appliquées qu'elles seront aussi suivies dans le même esprit par les parents et transmises sans violence, avec le moins d'arbitraire possible… Ce qui est valable pour toutes les règles.

Comprendre comment fonctionne le cerveau

Cerveau droit et cerveau gauche : mythe ou réalité ?

Ces dernières années, les scientifiques ont fait de nombreuses découvertes sur le fonctionnement du cerveau, découvertes qui ont ouvert un nouveau champ appelé « les neurosciences ». Elles font converger la biologie, la psychologie et les sciences du comportement.

C'est le neurophysiologiste Roger Wolcott Sperry qui, en 1981, expose la théorie du cerveau gauche/cerveau droit. Il met en lumière le rôle singulier de chaque hémisphère cérébral dans la perception du langage, de l'espace, dans le jugement et le raisonnement. Pour autant, Sperry lui-même apporte des nuances à ce premier modèle très simple. Chaque hémisphère peut donner une réponse de façon autonome. À la naissance, l'enfant n'aurait pas de prédominance. Ce sont ses expériences, les sollicitations de la vie quotidienne qui feront appel à tel ou tel hémisphère.

Toujours au début des années 1980, les scientifiques découvrent que les deux hémisphères de notre cerveau ont chacun des caractéristiques et des fonctions propres. Cela dit, les connaissances ont beaucoup évolué depuis trente ans. Il est maintenant établi que pour chaque fonction de base (langage, musique, vision…) plusieurs zones du cerveau sont activées, le plus souvent dans les deux hémisphères à la fois. Ils travaillent ensemble et non chacun de leur côté. Le corps calleux permet d'ailleurs l'intercommunication et les échanges d'informations grâce au réseau synaptique[1] et aux neurotransmetteurs[2]. La partie « connexions » apparaît de plus en plus importante. Il reste des spécificités à chaque hémisphère, mais la cartographie du cerveau

1. Les synapses sont les lieux d'interconnexion des neurones.
2. Substances chimiques échangées entre deux neurones.

devient plus complexe à mesure que les scientifiques entrent dans le détail.

Les deux hémisphères travaillent en harmonie. L'un ou l'autre hémisphère pourra être plus actif chez certaines personnes, en fonction des tâches à accomplir ou du contexte, mais il n'opère jamais seul.

Plasticité et « musculation » du cerveau

Une étude portant sur les chauffeurs de taxi londoniens a constaté que leur hippocampe – région où s'active la mémoire spatiale – est 30 % plus développé que la moyenne. En effet ces professionnels du transport doivent connaître par cœur toutes les rues. La mémoire, quand elle est souvent sollicitée, se développe : c'est le même principe que pour un entraînement musculaire. Il en est de même pour la concentration.

Mais le cerveau est plus complexe qu'un muscle. Une femme qui avait perdu l'usage de la parole après un accident cardio-vasculaire l'a retrouvé grâce à de la rééducation, en stimulant la zone musicale du cerveau et non plus celle du langage, qui était endommagée.

Autre exemple : le cas de cet enfant né avec un cerveau partiel qui pourra quand même vivre tout à fait normalement. On connaît aussi le cas de Cameron Matt, une enfant de 3 ans qui souffrait de crises d'épilepsie. Elle était atteinte du syndrome de Rasmussen, une maladie neurodégénérative. En 2007, elle fut opérée et on lui ôta une partie du cerveau. Aujourd'hui âgée de plus de 14 ans, elle mène la vie de tous les ados de son âge et ne souffre que d'un léger handicap du bras gauche. C'est la plasticité neuronale qui a permis à son cerveau de se réorganiser et de jouer un rôle différent du rôle « traditionnel » (c'est-à-dire celui établi lors des premières cartographies)[1].

---

1. Joséphine Manière, « Ma fille n'a pas d'hémisphère droit, mais son QI est conforme à la moyenne », *L'Express*, 4 juin 2015.

Biologie et comportement

Attention, si nous comprenons de mieux en mieux le fonctionnement de notre cerveau – ainsi que le rôle des neurotransmetteurs, l'influence de notre ADN et de notre génome et les multiples autres phénomènes biologiques –, nous connaissons également de plus en plus l'influence de notre environnement sur notre cerveau et sur notre patrimoine génétique.

Alexandra Henrion-Caudé, généticienne à l'Inserm, lors d'une conférence « Art de vivre en famille[1] » présentait ce qu'est l'épigénétique, c'est-à-dire la science qui étudie les interactions entre l'environnement et la génétique. Elle nous apprend par exemple que l'on sait dorénavant que le fœtus transmet des éléments de son patrimoine génétique à sa mère. À l'inverse de ce que la génétique classique nous enseignait jusqu'ici. Ces éléments restent dans le corps de la mère après la naissance du bébé et sont même susceptibles, parfois, d'avoir une influence biologique sur la mère (modifications biologiques comme le renforcement des défenses immunitaires, déclenchement de maladies chroniques…).

Certains scientifiques parlent aussi d'une quantité significative de neurones se situant au niveau de l'intestin. Ils commencent à mieux comprendre les interactions entre notre alimentation et notre cerveau.

Décidément, nous ne sommes pas au bout de nos surprises en matière de complexité du vivant. De la même manière qu'au XIXe siècle il y a eu controverse pour savoir si le spermatozoïde dominait l'ovule ou non (elle a été heureusement dépassée), il est temps d'élever le débat : cerveau, cœur, alimentation, environnement… Il semble qu'en matière de fonctionnement, c'est bien leurs interactions, dans leur diversité et leur complexité, qui méritent le plus notre attention (et non de savoir ce qui prédomine).

1. Série de conférences web, octobre 2015 : www.art-de-vivre-en-famille.fr

Il ne faut pas attendre de la biologie – comme de la génétique, des neurosciences, de l'épigénétique ou des nouvelles découvertes qui y sont liées – une réponse toute faite et surtout une justification pour expliquer nos comportements, comme si nous n'en étions pas responsables. Comme si nous ne pouvions rien changer : tout serait inscrit dans nos gènes dès la naissance. Imaginez que vous entendiez cette affirmation : « Dans la famille, on est cardiaques », ou « On n'est pas intelligents », ou encore « J'ai un déficit dans un neurotransmetteur ». Ce ne serait pas de notre responsabilité. Et on ne pourrait rien changer !

L'homme est constitué de telle façon qu'il a une capacité à façonner sa vie, à prendre soin de lui. Il a même la capacité à surmonter un accident ou compenser un handicap physique ou psychologique. C'est ce que Boris Cyrulnik[1] appelle la « résilience ». Il y a donc un lien entre cette extraordinaire possibilité d'adaptation de notre cerveau (appelée « plasticité ») et les possibilités d'évolution et d'amélioration de nos capacités physiques et comportementales.

Les incroyables capacités du cerveau

Pendant longtemps on a pensé que le cerveau atteignait sa pleine maturité à 21 ans, qu'il s'agissait donc de se construire et d'évoluer avant… et seulement avant. À partir de 21 ans, notre cerveau était supposé perdre des centaines voire des milliers de neurones par jour. Notre cerveau commençait à vieillir pour arriver à une dégénérescence.

Les dernières découvertes sur le cerveau nous apprennent qu'il se forme pendant la grossesse mais qu'il continue à se construire après la naissance – avec une période de développement très importante jusqu'à l'âge de 6 ans – et ce jusqu'à l'âge de 25 ans. Au-delà de cet âge, nous avons donc découvert que le cerveau était plastique, en continuelle évolution, voire en restructuration. Il continue à « nettoyer » des zones correspondant à des fonctions non utilisées et à intégrer

1. Psychiatre et psychanalyste français né en 1937.

de nouvelles compétences. Bien sûr, cette intégration ne se fait pas au même rythme à 5 ans et à 50 ans !

Martine, 75 ans, parlait couramment allemand à 5 ans et n'en connaît plus un mot aujourd'hui.

Il est maintenant mis en évidence que ce type de situation, plutôt commun à cet âge, peut s'observer à tous les âges. Cela engendre un mécanisme du type : je n'ai plus besoin de parler allemand mais j'ai besoin d'apprendre à me servir d'un ordinateur, je « nettoie » mes premières compétences pour faire de la place aux nouvelles. N'en concluons pas pour autant qu'il est nécessaire au cerveau de supprimer des capacités pour pouvoir en acquérir de nouvelles. Les recherches continuent.

On a déjà cité l'existence d'un deuxième « cerveau », celui de notre système digestif. Il y a aussi des neurones dans notre cœur. La taille de ce groupe de neurones cardiaques est proche de celle du cerveau d'un chien. Finalement, ces découvertes en neurosciences confirment souvent ce que le bon sens savait. Le dicton « le cœur a ses raisons que la raison ignore » n'est-il pas validé par la découverte de cette présence de neurones cardiaques ? À l'ère de la décentralisation des décisions de la société, des réseaux sociaux et du réseau des réseaux, il est étonnant de découvrir que, dans le corps humain aussi, il y a plusieurs centres de décision.

D'autres découvertes mettent en évidence l'influence de l'alimentation sur nos systèmes neuronal et hormonal et indirectement sur notre système cognitif. D'autres encore prétendent être bientôt en mesure d'analyser un état de dégénérescence cognitive, à commencer par la maladie d'Alzheimer, en analysant l'état du système digestif. Chaque jour apporte son lot d'explications sur les interactions du corps, de l'esprit, des mouvements, des relations avec l'autre et avec la nature.

Quelles valeurs ont alors les premières découvertes sur le cerveau qui attribuaient une zone du cerveau à chaque fonction ?

Voyons le Pr Hugues Duffau, neurochirurgien de l'université de Montpellier. Quand il opère des patients pour enlever des tumeurs au cerveau, comme tous les neurochirurgiens, il est spécialement attentif à ôter le minimum de cellules pour ne pas endommager d'autres zones. Il a ainsi mis en place en 1996 une opération avec la méthode dite d'éveil. Le patient n'est plus endormi, ce qui permet au chirurgien de viser encore plus finement les zones à traiter et les zones à conserver absolument pour préserver telle ou telle fonction (comme celle de jouer du violon). C'est comme cela qu'il a découvert qu'il n'existe pas une zone précise pour le langage. Il a réalisé que les fonctions peuvent se déplacer ailleurs dans le même hémisphère. Avec une rééducation, une personne opérée peut, par exemple, retrouver la parole en passant par la fonction de la musique, comme nous l'avons vu plus haut.

Ainsi la parole ne dépend pas d'un seul circuit constitué de neurones reliés par des synapses. Aussi ne parle-t-on plus de « zones » mais de « faisceaux ». Pour le Pr Duffau, il ne faut plus voir le cerveau droit uniquement comme le siège de la logique et de la pensée, et le cerveau gauche comme celui de la création et de l'émotion. Nos modes de vie, nos expériences peuvent renforcer certains faisceaux et nous permettre de développer des aptitudes nouvelles.

- *En analysant l'imagerie cérébrale des musiciens, on observe que certaines de leurs fonctions et aptitudes sont renforcées telle une plus grande habilité en maths. Rien de très étonnant quand on sait que de grands compositeurs de musique contemporaine, tel Pierre Boulez, sont aussi de grands matheux. Mais il existe une autre particularité moins connue concernant les musiciens : ils ne sont presque jamais dyslexiques. On sait aujourd'hui que l'apprentissage de la musique agit sur les mêmes circuits que ceux qui font défaut aux dyslexiques. C'est ainsi que l'association Mélodys et le Pr Michel Habib ont développé avec le CNRS de Marseille des outils et une méthode s'appuyant sur ces travaux pour aider les enfants dyslexiques.*

– *La musique facilite l'apprentissage de la lecture. Ainsi, la partition se lit de gauche à droite et de haut en bas, comme un texte, ce qui aide les enfants dans l'acquisition des compétences nécessaires au décodage d'un texte. La pratique et l'écoute de la musique jouent sur la latéralisation. La musique c'est aussi l'apprentissage du rythme, la mémorisation et la reproduction de séquences. La mélodie participe à la stimulation de la mémoire, laquelle, en interagissant avec l'aire de Broca, permet d'articuler et de traiter le langage.*

À travers ces exemples, on s'aperçoit que les premières connaissances sur le cerveau étaient partielles. Les capacités cognitives ne sont assurément pas rangées comme des livres dans une armoire une bonne fois pour toutes, sans lien entre elles ; elles sont toutes reliées et interagissent. Si on poursuit l'analogie avec l'armoire, on peut dire qu'après qu'elle aura été renversée, il est possible de ranger les livres différemment. On sera alors capable de les retrouver, mais très certainement avec un peu plus de difficulté ou de temps. Cela demandera un nouvel apprentissage, une rééducation[1].

Spécificité du cerveau du jeune enfant

On s'en doutait, c'est désormais mis en évidence par la science, le cerveau des jeunes enfants est particulièrement sensible. Pendant la grossesse et jusqu'à 3 ans au moins, toutes les expériences marquent profondément un petit d'homme. C'est cette même sensibilité qui lui permet d'apprendre beaucoup et très vite.

On sait que la consommation d'alcool ou de drogue par la femme enceinte endommage le cerveau du fœtus en perturbant sa croissance physique mais aussi la mise en place du réseau de neurones. Cela restera vrai pendant toute sa jeunesse, jusqu'à 20-25 ans donc. On a découvert ces dernières années que l'état émotionnel de la mère (stress, angoisse, violence…) influait aussi sur la constitution du cerveau du bébé.

1. Dr Jill Bolte Taylor, *Voyage au-delà de mon cerveau*, JC Lattès, 2008.

À la naissance, le cerveau d'un bébé possède 100 milliards de neurones. Ces neurones sont des cellules qui ne sont pratiquement pas liées ni connectées entre elles. C'est au fur à mesure des expériences et des apprentissages que l'enfant crée des connexions synaptiques et élabore son réseau de neurones à travers lequel passeront les neurotransmetteurs. Cette phase de construction des connexions est sensible à l'environnement.

Nina a 14 mois. Elle est dans les bras de sa mère et joue avec un sac en plastique à sa portée. Elle enregistre «plastique», «souple», «rose», «sac en plastique». Elle intègre une foule d'informations sur l'objet : s'il est chaud ou froid, son bruit au toucher, si ça lui est agréable ou désagréable. Pour cela, elle se sert de tous ses sens et – si on fait la comparaison avec l'informatique – crée une sorte de ligne de code[1]. Elle intègre tout autant les réactions et les gestes de sa mère ; celle-ci peut donc lui transmettre les bases de la confiance ou de la peur.

Je pense très souvent à ces familles confrontées au handicap lourd de leur enfant, auxquelles les médecins ont annoncé que leur enfant ne saurait jamais lire ou marcher… ont fait mentir le pronostic : grâce à leur créativité, leur courage, leur ténacité, elles ont permis à leur enfant de très belles avancées et lui ont donné la possibilité d'entrer à l'école, de savoir lire…

Je connais deux jeunes gens atteints de handicaps mentaux lourds. Aujourd'hui, l'un des deux travaille, vit de façon autonome dans son appartement et partage sa vie avec une jeune fille. L'autre, encore adolescent, donne des concerts de musique et se déplace à l'étranger.

Toutes ces familles ont développé des outils, dont certains ont été adaptés aux enfants souffrant de troubles en «dys-» (dyslexie, dyspraxie, etc.), de difficulté d'attention, d'hyperactivité, etc.

---

1. Yveline Héront, *Graines d'hommes. Observer et accompagner l'enfant de 0 à 3 ans dans une motricité libre*, Le Souffle d'Or, 2014.

On sait aujourd'hui que la musique, et en particulier la musique classique, améliore la performance cérébrale ; elle joue aussi un rôle important dans la relaxation. Certaines méthodes comme la Brain Gym proposent des petits exercices pour faciliter l'harmonisation des différentes parties du cerveau. La sophrologie, la relaxation, la méditation permettent d'en optimiser l'apprentissage. De plus en plus d'écoles proposent ces techniques.

Pourquoi ne pas inscrire votre enfant à des ateliers, voire utiliser certains outils au cours de petits exercices avant les devoirs scolaires, un contrôle ou une évaluation ?

REPÈRES

Ce que l'on sait sur le cerveau

En synthèse, nous savons que :
– rien n'est figé dès la naissance : le cerveau évolue tout au long de notre vie, même si cette évolution ralentit avec l'âge ;
– le cerveau est plastique : des connexions neuronales continuent de se créer tout au long de notre vie ;
– tout interagit : notre environnement naturel et culturel et même notre nourriture interfèrent constamment avec les cellules du cerveau.

Toutefois le cerveau demeure un grand mystère ; il reste encore beaucoup à découvrir.

Les intelligences multiples

Maintenant que nous en savons plus sur le cerveau, abordons une question fondamentale : « Comment apprendre en étant heureux d'apprendre et qu'est-ce qu'être intelligent ? »

Quelques questions autour de l'intelligence

« Tout le monde est un génie. Mais si vous jugez un poisson à sa capacité à grimper aux arbres, il passera sa vie entière persuadé qu'il est complètement stupide. » Matthew Kelly[1]

Étymologiquement, l'intelligence c'est la capacité à faire un choix, une sélection parmi les informations reçues.

Dites-moi : qui est intelligent ? Vauban et son génie militaire et architectural, qui a laissé sur le territoire français une multitude de citadelles ? Mozart, qui nous a légué un patrimoine musical inégalé ? Ou bien encore Albert Einstein, mère Teresa, l'abbé Pierre, le peintre Gauguin, Napoléon, Johnny Halliday, Bill Gates… ?

La question de l'intelligence s'est continuellement posée à l'homme à travers les âges. Est-ce qu'être intelligent c'est savoir et comprendre tout sur tout ? Est-ce que l'intelligence se constitue avant l'âge de 6 ans ? Naît-on béni des dieux, intelligent ou pas ? Beaucoup encore le croient, comme si l'intelligence était innée… et héréditaire.

Depuis longtemps, il est communément admis qu'est intelligent celui qui est bon en mathématiques et en sciences ; ou celui qui a une capacité d'analyse. Notre système scolaire est basé sur l'intelligence des sciences et des mathématiques et s'autoentretient en véhiculant

1. *In The rhythm of live. Living every day with passion and purpose*, Touchstone Books, 2004. Citation communément attribuée, à tort, à Albert Einstein.

cette croyance. C'est l'intelligence dite « cartésienne », du nom de René Descartes (1596-1650), considéré comme l'un des fondateurs de la philosophie moderne et connu pour son *Discours de la méthode*[1]. En physique, il a apporté une contribution à l'optique, à la mécanique ; il est à l'origine de la géométrie analytique. C'est un génie de son temps, dont la vision a profondément marqué les esprits et spécialement la société française jusqu'à nos jours.

Descartes fut profondément choqué par le procès fait à Galilée. C'est à partir de là qu'il comprit que nos sens ne nous disent pas forcément la vérité et que l'on peut se tromper. Il faut trouver une méthode fiable qui permette de prouver les choses. C'est ainsi qu'il a développé une méthode de rationalisation et publié son *Discours.* Depuis Descartes, la France est marquée par cette approche méthodique[2].

Est-ce qu'être intelligent c'est être le premier de sa classe ou faire une très bonne scolarité ? Est-ce passer son bac à 14 ou 15 ans ? Est-ce avoir de grandes responsabilités et gagner beaucoup d'argent ? Tout cela est vrai et faux à la fois.

À certaines époques, dans diverses régions du monde, on a lié pauvreté et faible intelligence et on les a qualifiées de « maladie sociale ». On a pu y associer la conviction politico-philosophique selon laquelle l'autorité, l'État, saurait mieux que la famille éduquer les enfants. Sur la base de cette conviction, on a procédé à des stérilisations de femmes pauvres, jusque dans les années 1970 (par exemple aux États-Unis ou en Suède).

Dès le XIXe siècle, plusieurs penseurs ont montré qu'associer systématiquement pauvreté et manque d'intelligence n'était pas pertinent. Ce fut le cas en particulier de Maria Montessori (voir p. 30) qui a créé

1. Texte philosophique de 1637 servant d'introduction à trois traités scientifiques.
2. Elle consiste à se référer à la science supérieure, les mathématiques, pour éviter l'erreur ou l'oubli dans le raisonnement, puis à suivre le même chemin par le bon sens, la logique et la synthèse, en partant de l'évidence ou du plus facile pour aller graduellement et plus aisément vers le plus compliqué.

en 1907 une école pour les enfants pauvres d'un quartier de Rome. Elle a démontré que la pauvreté n'était pas liée au manque d'intelligence et que les élèves de cette école avaient les mêmes aptitudes intellectuelles que les autres.

Le quotient intellectuel

Bien souvent aujourd'hui est reconnu intelligent celui doté d'un fort quotient intellectuel (QI). Le premier test d'intelligence moderne a été mis au point en 1905 par Alfred Binet (1857-1911) et Théodore Simon (1873-1961). Le ministère de l'Éducation de l'époque chargea ces deux psychologues de développer un test pour différencier les enfants souffrant d'insuffisances intellectuelles des enfants uniquement paresseux. Le test Simon-Binet était né. Il repose sur plusieurs composantes telles que le raisonnement logique, l'identification des rimes et la désignation des objets.

Le résultat au test de QI d'un enfant par rapport à son groupe d'âge livre des informations sur son développement intellectuel : l'enfant est-il en avance ou en retard par rapport aux autres ? C'est un indicateur parmi d'autres. Aujourd'hui, il existe plusieurs versions des échelles d'intelligence élaborées par le psychologue américain David Wechsler (1896-1981).

Les enfants dotés d'un fort QI sont qualifiés d'« enfants précoces », ou d'« enfants à haut potentiel ». Tout récemment, on a pu voir dans les médias qu'on les appelle aussi des « enfants zèbres ». Pourtant, on s'aperçoit que ces enfants à fort QI peuvent se révéler des cancres à l'école, ne pas réussir leurs études ou encore avoir du mal à exprimer tout leur potentiel dans l'entreprise, voire souffrir de mal-être. On constate donc qu'un fort QI n'est pas forcément gage de réussite.

Il est difficile de donner une seule définition de l'intelligence. Elle varie selon les époques et les cultures. De nombreuses tentatives ont été déployées pour dépasser cette première approche de l'intelligence.

Le biologiste et psychologue suisse Jean Piaget (1896-1980) conçoit l'intelligence comme la capacité à s'adapter à l'environnement.

Pierre Pica, linguiste au CNRS, travaille depuis de nombreuses années avec les Mundruku, des Indiens brésiliens. Ils ont une extraordinaire capacité à se déplacer dans la forêt vierge sans carte ni GPS, ce qu'aucun Européen ne saurait faire. On a tenté une expérience avec quelques-uns d'entre eux : on leur a enseigné la notion des nombres et du calcul à l'européenne ; il se trouve qu'ils n'ont pas pu développer leur capacité d'orientation dans la forêt. Cette expérience montre que leur intelligence n'est pas meilleure ou plus mauvaise que la nôtre, elle est simplement adaptée à leur environnement.

Le quotient émotionnel

Jean Piaget détermine aussi quatre stades du développement de l'enfant, tout en insistant sur la continuité entre ces quatre stades :

- stade de l'intelligence sensorimotrice ;
- stade de l'intelligence préopératoire ;
- stade des opérations concrètes ;
- stade des opérations formelles.

Cette approche très cartésienne, très dogmatique, a formaté des générations d'éducateurs, d'enseignants. Il a fallu attendre la fin du XXe siècle pour qu'elle soit dépassée par de nouvelles approches. C'est en 1990 que le terme d'« intelligence émotionnelle » est utilisé pour la première fois dans les travaux du psychologue américain Peter Salovey, de l'université d'Harvard. En 1995, le best-seller du psychologue américain Daniel Goleman, *L'Intelligence émotionnelle*[1], a permis de faire comprendre au grand public que l'intelligence cognitive, ou QI, ne suffit pas pour réussir. Pour lui, l'émotion est plus importante que le quotient intellectuel en matière de réussite. L'intelligence émotionnelle peut être stimulée, se développer.

1. Publié en 1999 dans sa version française par les éditions Robert Laffont.

C'est une compétence qui peut même s'acquérir avec un peu de travail.

Daniel Favre, docteur en neurosciences et professeur en sciences de l'éducation à Montpellier, nous précise que l'état émotionnel interfère en permanence dans l'apprentissage.

La connaissance et la compréhension de nos émotions permettent :
- de mieux analyser nos réactions face aux différentes situations;
- de mieux se connaître et s'évaluer soi-même avec réalisme, et de créer les conditions pour une bonne confiance en soi;
- de mieux comprendre les réactions des autres, d'être capable d'adopter leur point de vue et d'entretenir des rapports harmonieux;
- de gérer les conflits;
- de mieux négocier;
- de faire face à l'imprévu et à l'adversité;
- de retrouver la sérénité quand on est tourmenté ou stressé.

Cerveau et émotions

Une des façons de mieux appréhender le cerveau humain est de nous le représenter en trois zones distinctes, chacune étant apparue à un stade de l'évolution sur plusieurs millions d'années : le cerveau reptilien, le cerveau limbique et le cerveau cognitif ou cortical[1]. Les découvertes plus récentes de l'interdépendance de toutes les zones (voir p. 71) n'enlèvent rien à cette représentation.

Le cerveau reptilien

Il régule et coordonne nos fonctions biologiques : ce qui nous permet de respirer, de faire battre notre cœur... Il permet les réflexes de survie, ce qui se manifeste physiquement par : tension musculaire, transpiration, afflux sanguin...

1. C'est la théorie du cerveau tri-unique, introduite en 1969 par le médecin et neurobiologiste américain Paul Mc Lean (1913-2007).

Le cerveau cognitif ou cortical

C'est celui qui nous fait penser, raisonner, apprendre, concevoir.

Le cerveau limbique

Aujourd'hui il est appelé « cerveau émotionnel ». C'est là que naissent nos émotions : peur, joie, tristesse, dégoût… Il comprend notamment :

- l'amygdale : elle coordonne la réponse corporelle à la peur et à l'agression ;
- l'hippocampe : il participe à la visualisation des scènes et des lieux. Il reçoit les informations des cinq sens et des organes de transmission (yeux, peau, oreilles). Il participe également à la construction de la mémoire. Il sélectionne les informations à mémoriser ou non et les trie sur des mémoires à court ou long terme ;
- l'hypothalamus : principal lien entre le système nerveux et le système hormonal.

Au-delà de ces détails anatomiques, retenons à quel point les sens interfèrent avec toutes les fonctions cérébrales et en particulier les fonctions émotionnelles.

Le cerveau limbique ou émotionnel, siège de la récompense, est plus rapide que le cerveau cortical, celui de la logique et du raisonnement. Le cerveau limbique est, par exemple, très sollicité dans les jeux vidéo et toutes les activités sur écran.

Le cerveau limbique enregistre chaque expérience visuelle, auditive, gustative et kinesthésique. Une fois traitée, l'information devient comme une certitude. Le cerveau limbique est réceptif aux métaphores, aux contes, aux récits symboliques, aux chansons et aux images. Il ne connaît pas le non : tout est possible. Il réagit instantanément à nos pensées et envoie l'information au tronc cérébral, provoquant diverses réactions dans notre corps.

Les situations émotionnelles

Les émotions comptent tout autant que les pensées et souvent davantage, nous dit Goleman. On comprend alors mieux pourquoi le cerveau limbique (ou émotionnel) réagit au quart de tour et peut interférer avec le cortex qui, lui, est le siège du raisonnement.

Aux deux extrêmes, il y a ceux qui sont noyés dans leurs émotions et qui perdent leurs facultés et ceux qui sont dans la maîtrise, voire distants.

Les psychologues américains Rose Vukovic et Gerardo Ramirez[1], de l'université de Chicago, affirment explicitement que nous avons tous de bonnes capacités initiales en mathématiques mais que la peur des maths joue pour une très grande part dans la façon dont nous exprimons ce potentiel.

La peur de réussir ou d'échouer

C'est surprenant, mais beaucoup d'enfants ne réussissent pas à l'école parce qu'ils ont une peur inconsciente de réussir. Le premier motif qui alimente cette peur, c'est la volonté de rester dans le groupe. La réussite est très souvent suspecte en France. Ce qui alimente la crainte d'être critiqué, moqué.

> *Igor, 12 ans : « Je ne veux pas être le premier de la classe. » Ce n'est pas facile de s'entendre dire par ses camarades qu'on est un intellectuel, un monsieur-je-sais-tout.*

Parfois, c'est la peur d'avoir des comptes à rendre tôt ou tard qui alimente croyances[2] et ruminations :

– *Qu'est-ce qu'on va dire de moi si je rate ?*

1. Cités par le magazine *Cerveau & Psycho*, n° 68, mars-avril 2015.
2. Les croyances sont des assertions, et à ce titre tenues pour vraies, qui nous ont été transmises comme du « prêt-à-penser » par la société ou par notre famille. Elles peuvent être des ressources ou être limitantes.

- *Je ne peux pas mieux réussir que mon frère que tout le monde reconnaît comme intelligent.*
- *On va m'en demander encore plus.*
- *Je vais être jalousé.*
- *Les bons élèves n'ont pas d'amis.*

Thomas me racontait, lors de notre entrevue, qu'il avait eu peur de quitter le monde du lycée. «Le monde de l'université me faisait peur. Je ne voulais pas quitter mes amis», précisait-il. Il a raté son bac.

La peur des parents

N'avons-nous pas en tête des exemples de personnes qui ont réussi contre toute attente ?

Comme ce garçon, le moins diplômé de sa fratrie, qui, à l'âge de 40 ans, a enfin trouvé sa voie et son énergie. C'est finalement lui qui a le mieux réussi professionnellement ! Cela méritait-il autant de peurs et de cris de ses parents à l'époque ?

OUTIL

Et vous ? Quelle est votre peur ?

Prenez 3 minutes pour mettre des mots sur l'histoire de votre parcours scolaire, pour mieux le comprendre, mieux vous libérer des zones d'ombre… et être fier de vos réussites. Le chemin parcouru a autant de valeur, si ce n'est plus, que l'arrivée.

Notre système scolaire est basé sur la comparaison, la performance, l'évaluation ; aussi, dès que notre enfant a des difficultés scolaires ou qu'il semble prendre du retard, la machine (peur, culpabilité, jugement…) se met en marche chez nous, parents :

- *Je ne suis pas une bonne mère (un bon père).*
- *Il faut qu'il(elle) réussisse là où j'ai échoué.*
- *Qu'est-ce que j'ai fait pour avoir un enfant comme ça ?*
- *Je me sens jugé.*

- *Que va-t-il devenir s'il n'a pas le bac?*
- *Que va penser ma famille?*

Le summum de la comparaison est atteint quand, entre adultes (avec nos voisins, nos amis), nous nous targuons des réussites et des diplômes de nos enfants. La compétition fait rage : gare à ceux qui décrochent !

Il nous faut trouver une cause : les conséquences d'un divorce, le manque de disponibilité, la vie moderne, les temps de transport, le manque d'argent… Il serait bien que nous décelions les ressorts émotionnels qui se cachent derrière nos mots. Un exemple classique est celui du parent qui n'a pas réussi en classe, qui en souffre encore dans sa vie professionnelle ou dans sa vie personnelle, et qui transmet sa frustration à son enfant sous forme de pression sur ses résultats scolaires, et au-delà de ça : cours particuliers, apprentissage d'une langue étrangère supplémentaire en dehors de l'école, course aux activités sportives et culturelles…

Et si, au lieu de cela, nous nous focalisions sur les progressions de notre enfant, si nous valorisions ses réussites dans des domaines variés, si nous nous initiions à la communication non violente ?

Je reconnais qu'il est judicieux de faire un diagnostic complet pour faire une cartographie des forces et des faiblesses de son enfant. Plutôt que de rechercher les raisons d'un « échec », ne serait-il pas plus efficace de déterminer les moyens d'aller de l'avant ? Par exemple, imaginez une série de diagnostics « préventifs » (auditifs, visuels, cognitifs) pour mieux connaître les forces et faiblesses de votre enfant, ceci afin d'adopter, dès le début des apprentissages, les méthodes les plus adaptées.

La psychologue Jeanne Siaud-Facchin appelle ce type de diagnostic une « cartographie cognitive ». Il a non seulement le mérite de mieux connaître les modalités d'apprentissage de l'enfant, mais aussi d'éviter de lui transmettre un message inconscient du type : « Tu as besoin de faire un bilan parce que tu es moins bon que les autres. » L'enfant qui a des troubles d'apprentissage perd vite confiance en lui et en ses compétences. Combien de dyslexies ont été « découvertes » en fin de primaire ? N'oubliez pas que nos enfants ont d'immenses capacités à cacher leurs difficultés, le plus souvent par honte.

J'ai suivi Géraldine et sa fille de 8 ans, en CM1, alors qu'on venait de découvrir qu'elle souffrait d'un déficit auditif. Elle avait traversé trois ans de cris et de tensions autant en famille qu'à l'école.

Faire un bilan préventif fait gagner beaucoup de temps et de sérénité à chacun.

Nos injonctions

Nous exprimons très souvent, et bien malgré nous, des opinions ou des croyances qui se transforment en consignes, en ordres implicites, en règles à valeur plus ou moins universelles dont un grand nombre a plutôt tendance à freiner nos enfants. On les appelle des « injonctions » et elles freinent d'autant plus notre enfant qu'elles sont très souvent porteuses de contradictions, en elles-mêmes, ou avec nos valeurs et surtout avec nos comportements. Par exemple :

- *Il faut être heureux dans la vie. On n'est pas là pour rigoler.*
- *La vie n'est pas une fête.*
- *C'est ceux qui travaillent dur qui gagnent.*
- *Qu'est-ce que tu veux faire dans la vie ? On ne sait pas ce que tu aimes.*
- *Il faut être le meilleur… Mais dans notre société, il ne faut pas se vanter, se prendre pour le meilleur. Il faut faire profil bas.*
- *Ce n'est pas normal : tu as eu 14, tu aurais dû avoir 16 avec tes facilités. (Variante : Si tu avais travaillé…)*
- *Tu t'en sors bien ! Tu as eu de la chance.*
- *Il ne faut pas se surestimer : ne te mets pas en avant, ne te prends pas pour meilleur que tu n'es.*
- *C'est mon devoir de parent de…*

- *Maintenant, c'est plus de la rigolade : il va falloir travailler, mettre la gomme.*
- *Il faut travailler dur pour mériter de…*
- *Tu ne connais rien à la vie !*
- *Tu devrais être heureux car tu as la chance d'être un bon élève, parce que tu es intelligent.*
- *On t'aide avec des cours de soutien. Tous les enfants n'ont pas cette chance-là !*
- *Qui aime bien châtie bien !*

Or le message que votre enfant reçoit est souvent autre parce qu'il le reçoit au travers du filtre qu'est son besoin d'amour. Bien souvent, voici ce qu'entend votre enfant :

- *Comme je ne suis pas le meilleur, je suis nul.*
- *Ce que je fais n'a pas d'importance, seul le résultat compte. Est-ce que je corresponds à ce qu'on attend de moi ? Peine perdue, je baisse les bras…*
- *Prendre la parole, parler de ses expériences, c'est prendre le risque d'être jugé.*
- *On ne m'accepte pas comme je suis.*
- *On m'aime si je suis bon élève.*
- *On ne m'aime pas car je ne réponds pas à l'attente des adultes ou de l'institution.*
- *Mon diplôme (bac techno…) ou ma filière (métier manuel…) sont le plus souvent dévalorisés autour de moi ; je culpabilise, j'ai honte.*
- *Personne ne m'aime.*
- *On ne reconnaît pas mes talents, il en faut toujours plus.*

Ce que votre enfant imagine, c'est qu'il lui est interdit de se tromper pour ne pas vous décevoir et ne pas perdre votre amour. Il a besoin d'amour et de moments de qualité. Il a besoin d'apprendre à s'aimer lui-même pour arriver à exprimer le meilleur de lui-même. Et tout cela dans un environnement valorisant et encourageant.

Ces injonctions nous placent dans une course folle à la compétition. Celle du « toujours plus » : plus de diplômes, plus de responsabilités, plus d'argent, plus de consommation, au détriment de notre santé physique et mentale, de notre environnement, de notre qualité de vie mais aussi des autres. Nous devenons prédateurs, tout en rêvant d'un patron compréhensif, d'un collègue bienveillant, d'une institutrice engagée et patiente qui aurait du temps à consacrer à chaque enfant et qui serait coéducatrice avec nous. Et le bonheur de votre enfant dans tout cela ?

Nous devons prendre du temps pour développer une écologie personnelle, un respect de soi, des autres et de la nature ; c'est un réel atout pour que notre enfant réussisse dans ses apprentissages scolaires et sa vie professionnelle. Car nous voulons que nos enfants aient aussi un travail qui leur plaise et suffisamment d'argent pour être autonomes. Nous aimerions qu'ils n'aient pas de pression, pas de difficulté. Il y a donc contradiction entre nos aspirations et nos valeurs et la pression que nous exerçons sur nos enfants. Je vous invite à en prendre conscience pour lâcher prise et revenir à l'essentiel.

Nos enfants sont souvent comme des plantes dont on force la pousse pour qu'elles soient parfaites le jour de la vente. À force d'engrais, elles sont très belles sur le présentoir, mais cela ne dure que quelques jours. Dans le même esprit, pensons à un plant de tomate que nous aurions maintenu sous cloche trop longtemps et qui ne tient pas sans tuteurs. Pourtant, le plant de tomate a besoin de ses tuteurs pour grandir. L'équilibre reste à trouver tous les jours.

Les résultats scolaires

L'importance que nous attachons aux résultats scolaires est également révélatrice de nos contradictions. Nous savons que les notes ne sont pas toujours le reflet du travail ou du niveau de notre enfant. Nous y attachons pourtant bien souvent une grande importance. Elles sont en effet un outil de mesure et, en tant que tel, elles doivent permettre d'avancer et donner l'occasion d'un échange constructif avec notre enfant. Alors mettez l'accent sur le moment d'échange. Il y a de plus en plus d'établissements scolaires qui demandent aux parents d'être présents à la remise en main propre du bulletin trimestriel. Profitez-en.

ASTUCE

Lors de la remise du bulletin scolaire

- Voyez-y une occasion d'encourager votre enfant.
- Invitez-le à trouver des idées nouvelles à mettre en place.
- Aidez-le à mieux comprendre ses forces et ses faiblesses (mais surtout ses forces).
- Renouvelez votre propre façon de faire pour inciter votre enfant à changer de comportement.

Une nouvelle vision de l'intelligence

En 1983, le psychologue américain Howard Gardner publie le livre *Frames of Mind: the Theory of Multiple Intelligence*[1]. Il introduit une nouvelle façon de comprendre l'intelligence des enfants en échec scolaire aux États-Unis. Il y pose le principe de la multiplicité de l'intelligence.

En France, notre système est basé sur deux formes d'intelligence : l'intelligence verbo-linguistique et l'intelligence logico-mathématique, qui donne un sentiment d'incompétence à beaucoup d'enfants (comme nous l'avons vu p. 80). Pourtant, nous aimons aller au spectacle et sommes heureux d'y voir des danseurs, des musiciens, des comédiens… Pourtant, nous aimons bien manger et apprécions

1. Une traduction française de ce livre a été publiée en 1997 par les éditions Odile Jacob sous le titre *Les Formes de l'intelligence*.

le bon vin : nous sommes reconnaissants aux vignerons et aux gens de la terre de nous donner de bons produits. Pourtant, notre monde est nourri d'images et de musique : leurs créateurs sont plus habiles à manier la couleur, la lumière, la 3D ou les sons que les mots ou les chiffres.

Revenons au danseur : son intelligence corporelle, kinesthésique se conjugue avec d'autres aptitudes et compétences, d'autres savoir-faire et savoir-être. De même le pilote de ligne a besoin de l'intelligence visuo-spatiale. Ceux qui travaillent dans des associations d'aide aux personnes ont des compétences relationnelles; le diplomate ou le négociateur a également une intelligence relationnelle qui demande à la fois une aisance à parler plusieurs langues et de mobiliser son intelligence intellectuelle et émotionnelle (on imagine mal un ambassadeur, appelé à faire preuve de diplomatie, qui n'arriverait pas à maîtriser ses peurs ou qui s'emporterait). L'ingénieur du son a besoin d'une intelligence musicale. Le kinésithérapeute a besoin d'une intelligence corporelle, etc.

Chaque enfant a une intelligence propre. Depuis Gardner, les différentes formes d'intelligence peuvent être classées en neuf pôles (dont deux sont parfois décrites comme des variantes des sept autres). En les distinguant, on permet aux parents comme aux professionnels de l'enfance d'être plus attentifs aux difficultés et aux points faibles mais aussi aux facilités et aux points forts de leurs enfants. Et de mettre en place une stratégie pour consolider les faiblesses et encourager les forces. Cette nouvelle approche permet d'être plus en accord avec le rythme de l'enfant et ses besoins.

Voici ces neuf types d'intelligence, qui ne doivent pas nous faire oublier que chaque individu relève de plusieurs d'entre elles :

Intelligence verbo-linguistique

- L'enfant aime écrire; il a une bonne base de vocabulaire. Il argumente et cherche à persuader.

- À l'adolescence, il écrit des petits poèmes, des histoires, tient des cahiers personnels.
- Il aime raconter des histoires. Il amorce les conversations.
- Il a une bonne orthographe. Les jeux de lettres comme le Scrabble lui plaisent.
- Il affectionne aussi les jeux de rôles.

Intelligence logico-mathématique

- Il aime les chiffres, les jeux de logique, de casse-tête, de déduction, les puzzles et les énigmes. Il aime déchiffrer les codes.
- Il aime et peut jouer aux échecs.
- Il sait bien ordonner et catégoriser, analyser et raisonner.
- Il est à l'aise avec l'outil informatique et aime programmer.
- Il aime visiter les musées.

Intelligence visuelle et spatiale

- Il aime la photo, les images, les dessins, les cartes.
- Il dessine facilement, il illustre les mots par des images, il fait des schémas.
- Il manipule la 3D.
- Il apprend mieux avec des schémas et des images.

L'intelligence musicale

- Il a de l'oreille, distingue facilement les sons, les différents instruments d'un orchestre, les différents chants d'oiseaux.
- Il se souvient des mélodies, il a du rythme.
- Il joue facilement d'un instrument de musique.
- Il est sensible au bruit.
- Il écoute de la musique en même temps qu'il pratique une autre activité.

L'intelligence corporelle, kinesthésique

- Il a du mal à rester en place, il bouge beaucoup quand il s'exprime.
- Il aime planifier les événements extérieurs.

- Il est bon en sport, mais aussi en danse, en sculpture, en fabrication d'objets.
- Il a besoin de bouger pour réfléchir.

Intelligence intrapersonnelle

- Il sait parler de lui-même ou se connaît intuitivement. Il décrypte ses propres émotions, ses besoins et ses désirs.
- Il anticipe ses propres comportements grâce à la bonne connaissance qu'il a de lui-même.
- Il est intuitif, a le sens de l'autocritique, aime apprendre et s'améliorer.
- Il peut donner l'impression de ne pas écouter et d'être centré sur lui-même.

Intelligence interpersonnelle

- Il se fait des amis facilement. Il aime les conseiller.
- Il aime gagner. Il aime diriger les projets.
- Il détecte les intentions de quelqu'un sans qu'elles soient avouées.
- Il met facilement en œuvre l'empathie, la coopération, la tolérance.
- Il se retrouve souvent en position de leader parce qu'il a compris les motivations de l'un et les difficultés de l'autre.

Intelligence naturaliste

Parfois interprétée comme une forme avancée d'intelligence logico-mathématique et d'intelligence verbo-linguistique appliquée au vivant.

- Il est sensible à ce qui est vivant. Il comprend l'environnement au sens large. Il aime et sait reconnaître et classer la faune, la flore et le monde minéral.
- Il enquête, explore. Il aime se poser des questions et mettre les choses dans l'ordre. Il pratique la recherche scientifique.
- Par extension, il s'adapte très bien à l'univers culturel.

Intelligence existentielle et spirituelle

Souvent écartée au profit de l'esprit de synthèse (intelligence logico-mathématique) associé à la capacité d'introspection (intelligence intrapersonnelle).

- Il se questionne sur le sens et l'origine des choses.
- Il est curieux de ses origines et de sa destinée ou de celle de l'homme. Il s'intéresse aux mythes, aux légendes, aux symboles, à la philosophie.
- Il sait se situer par rapport aux limites cosmiques (entre l'infiniment grand et l'infiniment petit), voire édicte des règles ou des comportements liés aux domaines de la vie.

Ces neuf types d'intelligence sont un outil qui peut guider parents et enseignants. Comme tout outil, ils ne doivent pas servir à « enfermer » une personne dans un comportement particulier. Ils fournissent une photographie de l'enfant à un instant donné, qui dépend de nombreux paramètres, y compris la façon dont la personne se perçoit elle-même. Personne n'est l'expression parfaite d'un des types d'intelligence. On ne relève d'ailleurs pas d'un seul type d'intelligence mais de la combinaison de plusieurs.

Cette classification est donc un outil précieux pour connaître votre enfant, l'aider à se connaître lui-même – repérer quels sont ses talents, ses prédispositions – et l'amener à trouver le meilleur mode d'apprentissage.

Cela lui montre aussi que s'il a des difficultés dans une discipline, ce n'est pas pour autant qu'il n'est pas intelligent. Ce n'est pas parce qu'il n'aime pas une matière qu'il n'aura pas le bac, qu'il va rater ses études, voire ne pas exercer le métier auquel il se destine.

Connaître les neuf types d'intelligence est non seulement un outil de compréhension mais aussi un outil d'action : cela permet de proposer à votre enfant des jeux, des activités plus adaptés afin de renforcer ses points forts. Quand il aura rempli son « réservoir » de confiance et acquis des habilités dans plusieurs domaines, on pourra l'inviter à développer d'autres formes d'intelligence, à faire des liens. C'est seulement après avoir consolidé une première base d'aptitudes qu'il pourra prendre le risque de travailler sur des zones moins confortables.

Encore aujourd'hui, on focalise sur les handicaps, les grosses difficultés. On y investit beaucoup de temps, de moyens : cours particuliers, aide aux devoirs, visite chez le psychologue. On oublie de regarder ce qui est naturel, plus facile, plus intuitif, ces apprentissages faciles et agréables qui mettent en confiance. En un mot, on ne cultive pas assez les talents. Il est important de les identifier pour les développer, de permettre à l'enfant de les exprimer et de le pousser vers l'excellence. Cela ne veut pas dire que nous n'allons pas stimuler ses autres formes d'intelligence, que nous allons délaisser tel type d'intelligence parce que l'enfant en serait dépourvu. Nous mettrons simplement en place la stratégie qui correspond le mieux à ses talents en l'aidant à dépasser les difficultés.

Grâce à ce parcours de mise en confiance progressive, chacun peut développer des types d'intelligence très variés. D'autant que, comme avec la nourriture, les goûts des enfants évoluent. Ils aimeront demain ce qu'ils n'aimaient pas hier, ou ils l'aimeront sous une autre forme. Leur personnalité, leurs capacités, leurs penchants aussi évoluent. Tout parent, tout éducateur doit en être conscient et rester ouvert afin de leur donner sans cesse de nouvelles occasions de les exprimer.

Les enfants mis en confiance par une telle approche « multi-intelligence » se connaissent mieux, apprennent plus vite, sont plus motivés et plus autonomes. La conscience qu'ils ont de leurs différentes aptitudes est pour eux une vraie ressource. Ils les utilisent comme une boîte à outils.

Des exemples d'utilisation de l'intelligence multiple

Dans une ville de Seine-et-Marne, on a mis en place une pédagogie scolaire qui s'appuie sur la théorie de l'intelligence multiple. Dès la maternelle, on propose aux enfants des espaces d'activités dédiés à chaque type d'intelligence. Un coin « logico-mathématique » avec des jeux de nombres et des énigmes. Un autre coin « visuel » où on trouve des puzzles, des photos et où on peut dessiner, etc. Les enfants sont libres de passer d'un espace à un autre, d'une activité à une autre. Ils explorent, expérimentent, observent.

Le chanteur Grégoire témoignait à la radio que le fils de sa compagne avait des difficultés pour apprendre une poésie. Il eut alors l'idée de la lui faire apprendre en chantant et en musique. Vu les résultats et l'enthousiasme de l'enfant, il décida de mettre en musique et en chanson un répertoire de poésies et de récitations qu'il aimait. C'est ensuite qu'il est allé plus loin et qu'il a réalisé avec des enfants le clip de l'album Poésies de notre enfance, *à partir de poèmes de La Fontaine, Verlaine et Prévert. Il a créé ainsi un support qui peut toucher tous les enfants dotés d'une intelligence musicale (et même kinesthésique) plus développée que leur intelligence verbo-linguistique.*

Oui, dès l'âge de 3 ou 4 ans, les enfants ont une capacité d'observation et d'analyse. Voici l'exemple d'une expérience faite dans une maternelle de la capitale, en lien avec un laboratoire scientifique :

Les enfants étudiaient tous les jours une petite fourmilière et partageaient leurs observations quotidiennes avec l'équipe scientifique. Ils questionnaient, tiraient des conclusions et émettaient des hypothèses sous le regard bienveillant de la maîtresse, en suivant une démarche scientifique et rigoureuse. Au point que ces enfants ont mis en évidence un élément que les spécialistes n'avaient pas encore observé[1].

1. Hubert Guillaud, « Comment apprendre à apprendre ? », www.internetactu.net, 21 janvier 2014.

Cette expérience qui met en œuvre les intelligences logico-mathématique et naturaliste montre que ces types d'intelligence sont présents très tôt et qu'ils ne demandent qu'à se développer et à trouver des occasions de s'exprimer.

Dans les classes qui mettent en pratique une pédagogie fondée sur la théorie de l'intelligence multiple, les enseignants observent les enfants. Après un temps d'activité libre, ils organisent des groupes en fonction des différentes dominantes pour des exercices dirigés qui permettent de pratiquer, d'approfondir, et d'avoir une meilleure maîtrise de la compétence travaillée. Les enfants travaillent ainsi leurs points forts. Ils sont invités à coller des gommettes d'autoévaluation sur une étoile à neuf branches en référence aux neuf types d'intelligence. Ainsi, un enfant doté d'une intelligence visuelle utilisera plus facilement et avec de meilleurs résultats la photo, le dessin et l'image pour apprendre les maths. Un autre passera par la manipulation d'objets, de jeux physiques pour apprendre les opérations.

Cela modifie profondément le rapport enseignant-élèves mais aussi celui des élèves entre eux : ils sont moins dans la comparaison et davantage dans l'entraide et la coopération. On ne pose plus ces étiquettes dévalorisantes qui cataloguaient un enfant et lui collaient longtemps à la peau, même dans sa vie d'adulte[1]. Une étiquette qui achevait de le persuader qu'il n'était pas bon en langues, par exemple. Le simple fait de s'entendre répéter quelques phrases types suffit à ce que l'enfant s'interdise d'évoluer et de progresser. Différents mécanismes psychologiques entrent en ligne de compte :

- jusqu'à 12-15 ans, l'enfant n'a pas les aptitudes psychologiques pour contester ce que l'adulte dit de lui ;
- ces étiquettes seront d'autant plus fortes qu'elles seront transmises de l'enseignant au parent ou inversement ;
- plus l'enfant est jeune et plus elles sont répétées, plus elles seront intégrées par l'enfant.

1. Voir *Élever ses enfants sans élever la voix*, *op. cit.*, p. 117.

Quelques pistes pour stimuler toutes les intelligences

Soyez imaginatif pour accompagner votre enfant autrement dans le développement de son intelligence.

- À la maison, proposez des jeux divers et variés et observez votre enfant. Dans les ludothèques municipales (qui fonctionnent sur le principe des bibliothèques), vous pourrez accéder à un choix très large de jeux.
- C'est l'anniversaire de votre enfant ? Pourquoi ne pas le faire participer à un atelier scientifique ? Ou artistique ? De nombreux musées en proposent. Ces approches permettent de faire un lien entre les savoirs, de donner du sens aux apprentissages, d'apprendre différemment et d'acquérir le goût d'une nouvelle matière ou encore de renforcer une matière difficile parce qu'elle aura été étudiée sous un angle différent, de façon divertissante ou avec plus de plaisir.
- Les Parisiens disposent de deux sites riches de propositions : la Cité des sciences et de l'industrie de La Villette et le Palais de la découverte. Mais partout ailleurs, il existe de nombreuses autres offres. Par exemple, l'association Drôle de science[1] met en place des ateliers et anniversaires thématiques autour d'une approche ludique des sciences.
- Votre enfant est-il fâché avec l'orthographe ? Il existe des ateliers de découverte de la poésie ou d'écriture de chansons. Il y a aussi de très bonnes émissions de télévision comme *On n'est pas des cobayes*, sur France 5. Ou encore pourquoi ne pas jouer au Scrabble Junior ou préparer et rédiger les cartes de vœux avec lui ?

---

1. www.droledescience.com

OUTIL

Stimuler l'intelligence au quotidien

Voici des exemples d'activités quotidiennes qui peuvent servir de support à des apprentissages.

– **Mettre la table,** compter les couverts, les assiettes, les serviettes, compter les invités, c'est déjà apprendre à dénombrer.

– **Cuisiner,** c'est faire de la chimie (mélanger les ingrédients permet de voir se transformer les textures : le lait rend liquide, la farine épaissit, l'œuf coagule…), des mathématiques (compter les œufs, comparer des quantités, adapter les proportions…), de la physique (peser, convertir des mesures, générer de la vapeur d'eau…), c'est aussi apprendre de nouveaux mots…

– **Reconnaître son chemin** (celui de l'école, de la piscine, du stade ou de la boulangerie…), c'est se repérer dans l'espace mais aussi mesurer le temps nécessaire pour chaque trajet. Pourquoi ne pas dessiner ce chemin pour apprendre à distinguer la gauche de la droite ?

– **Ranger sa chambre**, c'est apprendre naturellement à classer, ordonner, trier, hiérarchiser, par couleur, par taille, par catégorie ; c'est aussi parler de soi, de ce qu'on aime.

– **S'occuper d'un animal de compagnie** : au-delà de la responsabilité, c'est prendre soin d'un être vivant, appréhender son comportement.

– **Organiser une fête, un anniversaire :** c'est anticiper, organiser mais aussi choisir, prendre des décisions : dire qui on aimerait voir ou retrouver, et réfléchir à qui aimerait se retrouver avec qui…

Autres exemples de jeux ou d'activités pédagogiques :

OUTIL

Créer un parcours de motricité dans la maison ou dans le jardin

En utilisant des chaises, en proposant des lancements de balles dans des bassines de plus en plus petites, en sautant une marche ou plus, en marchant sur une ligne ou une corde sur le sol, en sautant sur des cases de couleur… Il n'y a pas de limite à l'imagination pour créer des obstacles adaptés à l'âge des enfants… et les inviter à en inventer d'autres.

OUTIL

Dessiner

Laisser les enfants dessiner librement est essentiel. Seule petite condition : leur mettre du matériel de qualité à disposition. Leur laisser ce temps sans attendre aucun résultat, c'est leur permettre de se retrouver face à eux-mêmes sans pression particulière. « Quand je parle du Jeu de peindre, explique le pédagogue Arno Stern[1], le public qui vient m'écouter est beaucoup plus réceptif qu'il y a quelques années. Beaucoup d'émotion passe. Les jeunes parents commencent à se rendre compte que la raison d'être du jeu est l'accomplissement de la personne. »

Le jeu Dessinetto[2] permet, dès 4 ans, d'apprendre à dessiner à partir de formes géométriques et de motifs simples. La reproduction de formes et de motifs permet de travailler la motricité fine, si importante pour l'acquisition du geste écrit.
Les enfants qui ne savent pas dessiner ou qui ont peur de se lancer dans des dessins complexes pourront se constituer une réserve de modèles à reproduire puis à décliner, personnaliser, détourner. Avec le temps, ils pourront (re)prendre confiance en eux et dessiner avec plaisir.

1. « Il regarde les enfants dessiner », *La Croix*, 31 décembre 2015.
2. Éditions France Cartes.

OUTIL

Chat couleur

Objectif : développer l'activité motrice et cognitive.
1. Annoncez une couleur : les enfants doivent toucher un objet de la couleur annoncée. Ils pourront le toucher de la main ou du pied.
2. Commencez par une couleur facilement identifiable, c'est-à-dire bien connue de tous les enfants présents et rapidement accessible dans l'aire du jeu.
3. Continuez en jouant sur la complexité des couleurs (beige, bordeaux), sur les nuances (marron foncé/clair), selon les couleurs disponibles dans la pièce.

OUTIL

Les perles à repasser de Hama

Très utilisées dans les classes de grande section de maternelle et de primaire, ces perles colorées tubulaires s'enfilent non pas sur un fil mais sur une plaque munie de picots en plastique. On peut créer des tableaux à partir de modèles ou laisser libre cours à son imagination.
Une fois le tableau terminé, il est possible de le fixer en chauffant les perles avec un fer à repasser pour le garder, ou alors de tout défaire pour mieux recommencer !
Ce jeu possède plusieurs vertus. Il développe :
– la motricité fine ;
– l'imagination ;
– la créativité ;
– la concentration ;
– la discrimination visuelle : trier les couleurs que l'enfant veut utiliser, cela demande une grande agilité des doigts mais aussi une forte attention aux nuances ;
– l'attention au matériel (les perles étant petites, les enfants devront être particulièrement soigneux).

OUTIL

Le tangram

C'est un casse-tête chinois, une sorte de puzzle fait de figures géométriques que l'enfant doit poser pour reconstituer un dessin proposé.
Avant de commencer, il peut être utile de demander à l'enfant de nommer les formes et de lui donner le nom des formes qu'il ne connaît pas.

OUTIL

La Twictée

C'est une dictée à distance entre deux classes, un travail de groupe et en correction croisée[1]. Ces expériences sont intéressantes et constituent de vrais outils pédagogiques.
Dans le même esprit, on peut simplement retenir quelques idées simples :
– des dictées très courtes pour conserver l'attention ;
– l'utilisation de l'ordinateur comme moyen alternatif ;
– la correction par un ami, un frère ou une sœur, un cousin… qui apprendra tout autant.

1. Cf. l'article « Twictée : la dictée collaborative et active en 140 caractères », sur le e-mag de l'éducation www.vousnousils.fr, février 2015.

OUTIL

Jeux de cartes

À partir d'un mot ou d'un dessin qui font travailler l'observation, la concentration, le vocabulaire… Voici trois exemples de jeux instructifs :
– Dobble, éditions Asmodée ;
– Vocabulon (y compris en version junior), éditions Megableu ;
– La série Les Énigmes des éditions Bioviva.

OUTIL

Apprendre les langues

Il existe de plus en plus d'activités, comme le théâtre et la cuisine, que l'on peut pratiquer dans une langue étrangère. Cela aide non seulement à ne pas focaliser son attention sur les règles de grammaire mais surtout à expérimenter directement l'utilité de la langue.

Jouer et apprendre

« Jouer, c'est la base même de tout apprentissage », nous dit Amandine Duffoux, enseignante dans une école d'ingénieurs. Elle a introduit les jeux dans ses cours et partage son expérience dans une vidéo TEDx[1]. Elle part du principe que l'absentéisme et l'ennui ne sont pas des fatalités. On peut jouer en apprenant et apprendre en jouant. Le jeu doit donner envie aux élèves de s'investir, d'aller plus loin et, en définitive, de suivre le cours.

Selon Donald Woods Winnicott (1896-1971), pédiatre et psychanalyste britannique, par le jeu l'enfant met en scène ce qui se passe à l'intérieur de lui. C'est dans le jeu qu'il ancre son sentiment d'exister. Le jeu est aussi vecteur de socialisation car il facilite les échanges et c'est par lui que les amitiés se nouent. Les jeux de société ont toute leur place à la maison comme à l'école.

Aujourd'hui il existe même des jeux vidéo pour apprendre. On les appelle les *serious games*[2] et les entreprises les utilisent pour leurs salariés dans le cadre de la formation professionnelle.

Un des spécialistes du jeu, Sivasailam Thiagarajam, un Indien qui vit aux États-Unis, a développé des jeux pour les salariés : les Jeux-cadres

1. Voir la note en bas de la p. 52.
2. Termes anglais que l'on pourrait traduire par « jeux sérieux ».

de Thiagi. Selon lui, « l'utilisation de jeux rend tout apprentissage motivant, efficace et plaisant ». En tant qu'adulte, j'ai eu la possibilité de suivre un atelier sur les Jeux-cadres de Thiagi et cela a été pour moi une vraie révélation et un ressourcement. J'ai désormais un autre regard sur le jeu et ses apports. Il est devenu pour moi une évidence de l'introduire dans ma pratique professionnelle face à des publics de tous âges et de l'adapter sans cesse aux objectifs et aux supports « à la mode » (pour leur côté attirant et plaisant).

J'irais même plus loin, quitte à défendre une approche utilitaire : ma conviction est que 50 euros investis dans le jeu, dès le primaire, est un meilleur investissement que 50 euros de soutien scolaire au collège ! Sans compter que le jeu favorise les moments d'échange parents-enfants et renforce le lien familial (de même avec les amis, cousins et voisins).

> *L'hiver, Yaëlle organise régulièrement des après-midi jeux de société chez elle pour la plus grande joie de ses cousins, voisins et amis, d'autant plus que plusieurs générations s'y croisent et participent à une même activité en commun. Elle propose des jeux très variés et les groupes se forment parfois de façon suprenante.*

En allant un peu plus loin, à la croisée du jeu et de l'encadrement pédagogique, on trouve de nombreuses autres initiatives. J'ai rencontré les clubs Coup de pouce de la ville de Colombes (Hauts-de-Seine). Ils n'ont pas pour vocation d'apporter une aide aux devoirs mais plutôt d'offrir un moment exclusivement dédié à la lecture et à l'apprentissage de l'écrit. 250 enfants en bénéficient chaque année. Par petits groupes encadrés par un adulte, ils développent, en complément de l'apprentissage en classe, le goût de la lecture à travers les jeux. C'est grâce aux travaux de recherche conduits par Gérard Chauveau, chercheur à l'INRP[1] et ancien instituteur, que ces clubs ont vu le jour dans différentes communes. Le dispositif a

1. Institut national de recherche pédagogique.

essaimé depuis et a évolué au cours du temps. Mais tous ces clubs ont permis à de nombreux enfants d'éviter l'échec dans l'apprentissage de la lecture.

Dans un autre genre, l'association Lire et faire lire, créée par l'écrivain Alexandre Jardin, invite des retraités à faire découvrir la lecture aux enfants dans de nombreuses écoles en France.

Alors pourquoi, pendant les prochaines vacances, ne pas donner un peu plus de place au jeu et laisser de côté le traditionnel cahier d'exercices de vacances ? Ou réviser les apprentissages récents avec ces jeux ? Et hop, à la corbeille la dictée traditionnelle !

Violine a deux filles. Elle raconte qu'à l'époque où elles étaient en primaire, elles jouaient à la maîtresse devant leurs peluches et leurs poupées. En participant à leur jeu, cette maman les a encouragées sans le savoir, surtout au début. C'est devenu un de leurs moments préférés, qui remplaçait bien souvent la révision « officielle » des leçons. Le sésame était : « Lapinette, je vais te dire ce que j'ai appris aujourd'hui. » Peu à peu, ce temps ludique, sympathique et agréable est devenu très efficace pour réviser ce qui avait été vu en classe. La cadette, pourtant dyslexique, a réussi de cette façon à conserver un intérêt certain pour l'orthographe et la grammaire. Cela ne remplaçait pas le travail avec l'orthophoniste, cela le renforçait. D'autant que c'était un moment sans pression aucune.

EN SYNTHÈSE

Les grands atouts du jeu

- Le jeu favorise l'apprentissage des règles et du respect de l'autre.
- Quand on joue, on est détendu, on apprend mieux.
- Le jeu nécessite une activité intellectuelle intense.
- Il encourage la patience.
- Il permet de se défouler.
- Il apprend à perdre.
- Il laisse la liberté de tricher… et d'assumer les conséquences de ce comportement.
- Il est source de motivation et de plaisir pour l'enfant.
- Il implique l'enfant en tant qu'acteur.
- Il donne à tous les enfants l'occasion de participer, y compris à ceux qui sont timides ou anxieux.
- Il développe de nombreuses compétences :
    - compter (les points sur un dé, les cases pour avancer…) ;
    - imaginer des stratégies et faire des choix, anticiper les décisions des adversaires (jeu d'échecs, Risk, Blocus… et presque tous les jeux !) ;
    - travailler sa mémoire (jeu des sept familles, Memory…) ;
    - faire appel à sa logique (pour les puzzles, par exemple) ;
    - affiner sa motricité fine (notamment avec les jeux de construction).
- En jouant, l'enfant simule, apprivoise, modélise des situations qu'il sera peut-être amené à vivre.
- Le jeu est thérapeutique : en donnant l'occasion de scénariser et de manipuler (poupées, voitures, cubes…), de rejouer des moments difficiles de la journée, il permet d'exprimer ses émotions et de les évacuer.
- Il est un excellent moyen de réviser.
- Il permet d'appliquer ce qui a été appris.
- Il est source inépuisable d'imagination, surtout si les parents autorisent les enfants à modifier les règles.

La motivation

« Tu me dis : j'oublie.
Tu m'enseignes : je me souviens.
Tu m'impliques : j'apprends. » Benjamin Franklin

« Mon enfant n'est pas motivé. Comment le motiver ? » J'entends très souvent cette question de la part des parents. Il est vrai qu'il est difficile d'espérer quoi que ce soit d'un enfant qui « n'a pas envie ». Il est courant de dire que les élèves d'aujourd'hui s'ennuient à l'école. Ils n'en sont pourtant pas responsables. Nous avons vu que les bébés sont intelligents, que les enfants ont la capacité d'apprendre, tant par leur structure neuronale que par leur besoin d'agir, de se sentir vivant. Notre système scolaire est devenu archaïque. Les différents mouvements d'ouverture (démocratie participative, Internet...) et d'accélération (mondialisation, communication) révèlent à quel point la seule transmission des savoirs (d'un « sachant » à un « apprenant ») peut rendre l'élève passif. Et c'est d'autant plus vrai que les études se prolongent. Il y a bien sûr de nombreuses exceptions du fait d'enseignants isolés ou d'établissements – qui affichent complet, heureusement. Mais en général, malheureusement, l'écart entre l'école et la société se creuse et la motivation des élèves s'en ressent.

La société dans laquelle nous vivons n'est pas motivante non plus, avec son flot récurrent d'images violentes, d'annonces de licenciements, avec tant d'adultes sous pression et un discours ambiant qui dit que « tout fout le camp ». Comment avoir envie et pourquoi s'investir pour aller vers un monde que les adultes eux-mêmes critiquent ?

Pourtant, si vous aviez un doute sur la capacité de vos enfants à vous étonner, même à un jeune âge, voici une histoire qui n'a qu'un siècle à peine :

Jean Monet a commencé à accompagner son père dans ses activités professionnelles de négoce du cognac à 14 ans. Il sillonne l'Europe, découvre les Amériques, apprend à négocier à tous les niveaux et dans toutes les cultures alors qu'il n'est encore qu'adolescent. En 1920, il est appelé au poste de secrétaire général adjoint de la Société des nations (l'ancêtre de l'ONU), à moins de 32 ans. Il endosse des responsabilités aussi bien en entreprise que dans les instances internationales. Il se marie à Moscou, conseille Tchang Kaï-chek en Chine et finit par être un des piliers de la création de la Communauté européenne.

Peut-être faudrait-il commencer par libérer les capacités de nos enfants en croyant en eux ; leur motivation en découlerait.

Le problème de la motivation est complexe. Ce qui nous motive est souvent difficile à expliquer et à mesurer. Elle est très différente d'une personne à une autre, d'un enfant à un autre. L'important est de proposer des pistes et des outils pour restaurer la motivation ou l'entretenir. Puis d'être patient.

L'apprentissage n'est jamais linéaire. Il faut accepter de passer par des phases de stagnation ou par des creux. Il est important de dire à l'enfant que c'est normal. Vous-même, dans votre travail, êtes-vous en permanence dans une phase ascendante ? Il est normal d'avoir des hauts et des bas. Cela permet de se poser des questions, de se remettre en question, de trouver d'autres moyens d'agir, de faire appel à sa créativité.

« Il n'y a pas de bonne pédagogie qui ne commence par éveiller le désir d'apprendre », nous dit François de Closets, journaliste et écrivain. Soit. Alors continuons d'examiner comment, chacun, parents et enseignants, doit procéder.

Entretenir la curiosité de son enfant, c'est le rendre acteur, c'est le voir comme une personne à part entière avec ses talents, c'est le considérer capable *a priori*.

Encouragez votre enfant à se poser des questions. Pour cela, commencez par lui poser des questions sans forcément attendre de réponse immédiate. Juste pour susciter un intérêt, le stimuler, lui donner la possibilité de s'approprier le questionnement. Et si vous êtes amené à proposer des pistes de réponses, veillez à en suggérer plusieurs pour que la solution retenue par l'enfant vienne de lui autant que possible. Par exemple :

- *Quelle est ta matière préférée ?*
- *Qu'est-ce que tu aimes dans cette matière cette année ?*
- *Qu'est-ce qui marche bien ? Qu'est-ce qui est facile pour toi ?*
- *Comment tu t'organises dans ton travail ? Qu'est-ce qui fonctionne bien au niveau de ton organisation ?*
- *Si tu devais changer quelque chose, ce serait quoi ?*
- *As-tu remarqué des liens entre cette matière et cette autre (entre les maths et la physique, entre la musique et l'histoire, etc.) ?*
- *Comment veux-tu que je t'aide ?*

Jérôme Saltet, directeur des éditions Play Bac, affirme que plus on est impliqué, plus on se pose des questions et plus on a le désir d'apprendre. À nous aussi, parents, d'être attentifs au potentiel de nos enfants. Nous ne répondons pas toujours à leur besoin :

- par manque de temps ;
- pour les protéger ;
- parce qu'on croit savoir ce qui est bon pour leur avenir professionnel ;
- parce qu'on connaît souvent mal leur mode d'apprentissage privilégié parce qu'on a une image toute faite de la réussite et de la façon de l'atteindre ;
- parce que nous ne leur faisons pas assez confiance ;
- parce que nous ne les écoutons pas assez.

En prenant un peu plus de temps avec nos enfants (et en limitant leur accès aux écrans !), nous pouvons très facilement susciter leur enthousiasme.

CARTE MENTALE

Les clés de la motivation

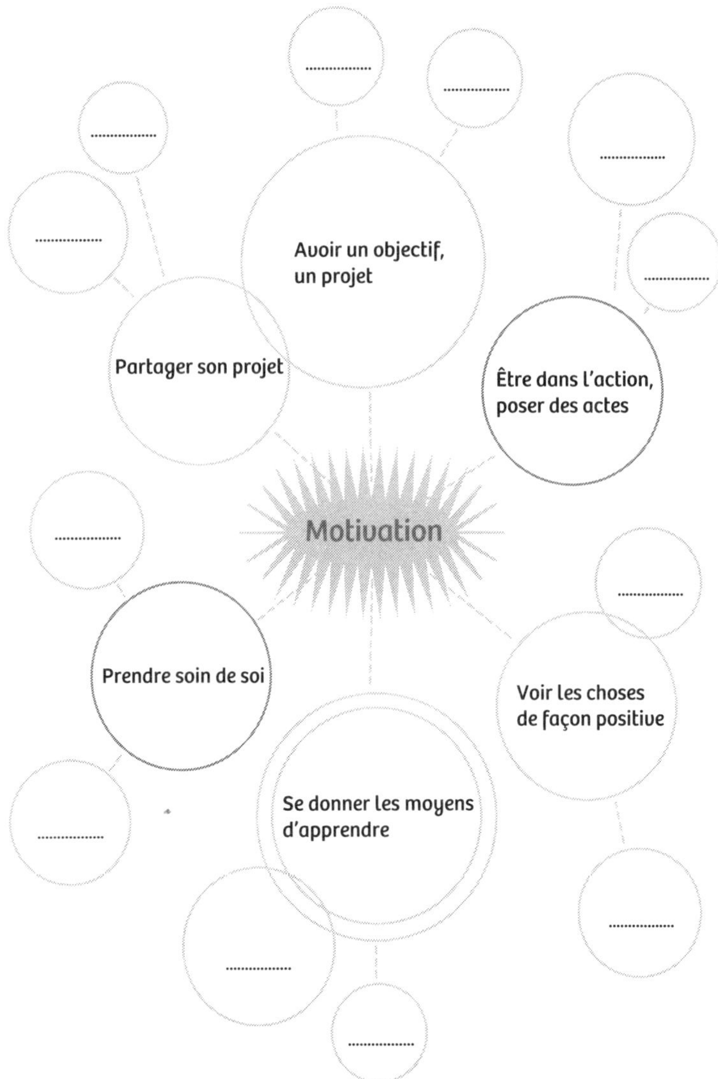

Il existe nombre de pratiques éducatives qui entretiennent la motivation chez les élèves. Voici l'exemple d'un professeur qui non seulement reconnaît le droit à l'erreur mais qui l'encourage :

À l'opposé de la pratique du contrôle surprise, un professeur de mathématiques fait passer à ses élèves deux contrôles sur le même chapitre. Il ne retient que celui où l'enfant a obtenu la meilleure note.

Partons de cet exemple : si un enseignant utilise des méthodes que vous ne connaissez pas, restez ouvert et commencez par questionner et chercher à comprendre le motif ou l'objectif de cette méthode.

Dans le même genre, voici d'autres pratiques qui ont pour objectif de susciter la motivation des élèves :
- l'évaluation des acquis en les décrivant de façon précise (en apportant des détails et des nuances plutôt qu'en jugeant) et en fixant les objectifs à atteindre à court terme plutôt qu'en énonçant ce qui n'est pas acquis;
- l'autoévaluation : l'enfant est invité à évaluer lui-même le niveau qu'il pense avoir atteint.

En dehors des méthodes utilisées par les enseignants, quel est le discours ambiant à la maison sur l'enseignant et sur l'école, sur le travail, sur la réussite, sur les diplômes, sur le monde professionnel, sur la vie... ? Nos enfants se représentent le monde à travers ce que nous leur en disons. Si nous leur transmettons une vision où les jugements négatifs prennent beaucoup de place, nous risquons d'alourdir dès le départ leur « sac à dos » de croyances. Je vous invite à faire attention à ce que vous dites devant eux et à ce que vous laissez paraître par vos actes.

Christophe avait pris l'habitude, à chaque début d'année scolaire, de promettre à chacun de ses enfants un cadeau de fin d'année s'ils réussissaient bien leur année. L'aîné avait des facilités intellectuelles qui faisaient qu'il réussissait toujours, sans zèle particulier. Le second était moins « scolaire ». Il faisait pourtant de sérieux efforts, mais il lui arrivait de ne pas « réussir son année » suivant les critères de son père. Il ne recevait donc pas de cadeau. Ce qui semblait stimulant et positif aux yeux du père était démotivant pour l'enfant et décourageant.

On évitera aussi de lier l'argent de poche aux résultats scolaires. Je vous invite plutôt à mettre en place à la maison des pratiques positives :

- *Proposer à l'enfant de s'autoévaluer et l'aider avec des exercices ou une méthode adaptée à ses besoins, à sa façon d'apprendre.*
- *Organiser avec lui le programme de travail pour les deux semaines à venir (durée à adapter selon son âge).*
- *Quand vous avez un travail noté entre les mains, insistez toujours sur ce qui a été réussi, sur ce qui est acquis ou en train d'être acquis, sur les progrès. Complétez éventuellement en interrogeant votre enfant sur ce qu'il a à acquérir (notion à renforcer, suite du programme...).*

Je ne résiste pas au plaisir de vous donner des exemples de jeunes d'aujourd'hui qui ont réussi très tôt, à la façon de Jean Monet. Je n'en cite que deux parmi tous ceux que je connais !

Depuis 2011, Google organise un concours mondial de révélation des jeunes talents scientifiques et techniques. En 2015, deux lauréats ont retenu mon attention : un jeune Français de Meurthe-et-Moselle de 14 ans qui a développé un prototype de robot jardinier pilotable depuis un smartphone ; et une jeune Américaine de 16 ans en passe – excusez du peu – de mettre au point un test de dépistage du virus Ebola plus rapide, plus efficace et moins cher que tout ce qui existe. Elle pense déjà étendre ses recherches sur des tests équivalents pour le sida et d'autres maladies.

Laissez votre enfant s'exprimer et exprimer ses talents, il vous étonnera.

Le processus de l'apprentissage

Tout processus d'apprentissage se décompose en quatre phases.

- **La découverte** : c'est le premier contact avec ce qui est nouveau, c'est la phase d'observation.

- **L'expérimentation** : c'est la phase où on essaie, où on manipule, où on se trompe, où on recommence.
- **L'appropriation** : on interprète, on fait des liens, on reformule, on s'autorise à faire à sa manière, on se trompe encore mais seulement si on dépasse les limites…
- **La maîtrise** : c'est devenu naturel.

Dans ce processus, essentiellement individuel et personnel, l'apport extérieur de connaissance peut intervenir à tout moment. Il est à adapter à chaque situation, à chaque domaine, à chaque niveau.

Voici une méthode d'enseignement qui commence à être répandue et qui tient compte de ce processus d'apprentissage : il s'agit de la classe inversée. Le principe est de demander aux élèves de commencer par découvrir un sujet par eux-mêmes, en particulier pour la partie théorique, mais pas seulement. Le plus souvent, l'apport initial se fait à la maison en visionnant des vidéos indiquées par le professeur. Il peut être demandé à l'élève une fiche de synthèse. Dans un deuxième temps, on passe à la phase expérimentale en classe, au travers d'exercices et de questions-réponses. C'est une excellente façon de préserver la motivation des enfants.

Quelle que soit la pratique de ses enseignants, vous pouvez vous inspirer de la méthode de la classe inversée et aider votre enfant à trouver des vidéos sur le Net, en complément du cours.

L'attachement, base de la réussite

Pour Paul Tough[1], « il n'y pas d'enfants moins curieux que d'autres ; c'est plutôt que certains n'ont pas pu exercer leur curiosité assez tôt[2] ». À travers un travail remarquable et différentes études sur la réussite des enfants américains, il met en évidence un des points décisifs dans

1. Journaliste au *New York Times Magazine*, spécialiste des questions de société et d'éducation.
2. *Comment les enfants réussissent. Persévérance, curiosité et autres pouvoirs cachés de la personnalité*, Marabout, 2014.

la réussite scolaire : l'attachement, ou l'appartenance à un groupe ou à un projet.

La théorie de l'attachement a été élaborée par le psychanalyste anglais John Bowlby dans les années 1960. Le lien d'attachement se construit pendant la grossesse et se renforce à travers les gestes de maternage : les massages, les berceuses, la lecture, les câlins, les conversations, les réponses aux besoins de l'enfant… Il s'établit en premier lieu de l'enfant vers sa mère avant toute autre personne.

Ce lien enfant-mère peut avoir du mal à se mettre en place pour de multiples raisons. Il est fluctuant à l'échelle d'une vie : il peut se détériorer, il peut se renforcer. Il peut se casser selon les expériences et le passé familial. Quand il est déficitaire, il arrive que l'enfant le tisse avec une autre personne que la mère.

Ce lien représente l'essentiel de la première relation du bébé au monde qui l'entoure. Il colore très longtemps et très fortement les autres relations que l'individu noue par la suite. Dans certaines situations, ce lien peut se créer avec d'autres personnes ressources : père, grand-parent, nounou, voire un enseignant ou un éducateur…

Pour les jeunes évoluant dans un environnement stressant dû au chômage, à la violence, le manque d'attachement à la cellule familiale peut avoir des répercussions sur le rapport à l'école. Attention, il ne faut pas confondre soutien familial actif et lien d'attachement. Il ne suffit pas de bien nourrir, bien soigner son enfant si on ne l'écoute pas, si on ne le regarde pas dans les yeux, si on ne lui parle pas avec le cœur. Créer de l'attachement, cela suppose des temps d'échange de qualité : toute violence, à commencer par la violence verbale (critiques, grossièretés, agressivité…) abîme le lien d'attachement.

Paul Tough reprend donc ce concept et le relie à la question de la réussite. Pour lui, le déficit d'attachement explique en grande partie les difficultés scolaires ou d'intégration rencontrées par certains jeunes des minorités défavorisées en Amérique. Il observe que, même pris

CARTE MENTALE

Renforcer le lien d'attachement

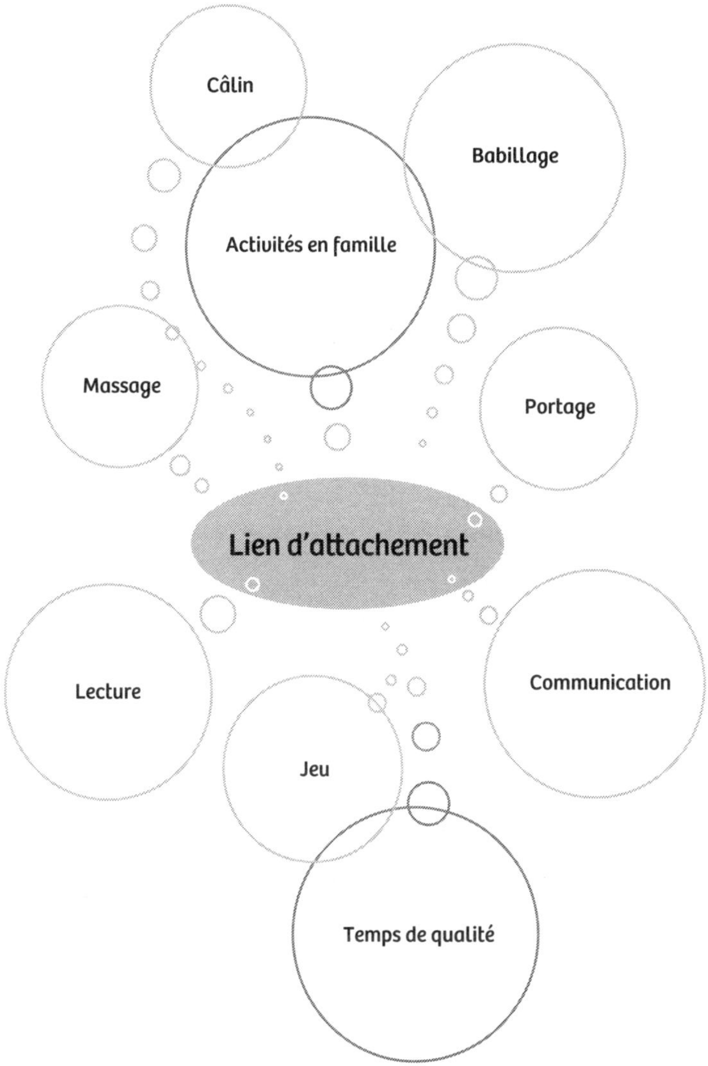

en charge par des programmes de soutien scolaire de grande qualité, ils peinent à s'en sortir. Leur environnement familial et social reste un aimant très puissant qui les happe. Et peu importe que la famille soit très présente ou très éloignée.

Pour ceux qui réussissent à aller à l'université, des difficultés d'intégration apparaissent, rendant difficile la concentration. Alors plusieurs mécanismes d'autojugement, de croyance, de non-estime de soi s'installent. Les petites phrases types trottent dans la tête : « Ce n'est pas pour moi, jamais je ne vais y arriver », « C'est pour les riches », « Si je réussis, je vais devoir quitter mon quartier et abandonner ma famille qui compte sur moi, qui a fait tant de sacrifices », « J'ai honte de ma famille, mais c'est ma famille quand même ». Et ces problèmes d'intégration peuvent se révéler dans une multitude de détails qui deviennent signifiants quand ils s'accumulent : la différence sociale marquée par l'habitat, les détails vestimentaires, le vocabulaire et l'expression…

Quand un enfant ou un jeune se sent rejeté parce qu'il est pauvre, parce qu'il est gros, parce qu'il est dans l'insécurité matérielle ou affective, parce qu'il manque de confiance en lui…, il lui est difficile d'être disponible pour l'apprentissage. Il se trouve confronté à des émotions fortes. Sa tentation sera de mobiliser ses compétences soit pour fuir et se renfermer, soit pour affronter l'autre et devenir le caïd.

Nous sommes des individus de relations et de liens. Nous ne pouvons pas vivre seuls. Nous existons, nous nous réalisons avec et grâce aux autres. Toutefois, la relation au groupe n'est pas toujours facile ; quand on ne se sent pas bien intégré, cela a des conséquences sur la scolarité.

Dans un de ses romans[1], l'académicien Jean-François Deniau évoque le long périple d'une caravane de chameaux. Il montre comment chaque participant trouve sa place, comment le fait d'être associé au succès du projet y contribue. Pour qu'un tel projet réussisse, il faut que tous

1. *Tadjoura*, Hachette, 1999.

les individus fassent équipe malgré leurs différences, qu'ils soient en lien les uns avec les autres, qu'ils y trouvent leur épanouissement, chacun dans son rôle.

De nombreuses pratiques scolaires permettent d'ordonner une dynamique positive d'intégration au début de l'année. L'intégration dans la classe procède du même mouvement que l'attachement familial. Elle favorise la réussite scolaire. On évitera bien sûr les excès du bizutage et on retiendra que, depuis les années 1990, nombre d'écoles supérieures ont réussi à faire muter cette ancienne pratique en stage d'intégration. Ces stages sont désormais fondés sur la rencontre avec les nouveaux ou les anciens camarades, par des activités de groupe créant la cohésion et par la découverte du secteur professionnel auquel l'école prépare.

Pourquoi cantonner cette pratique aux études supérieures ? Pourquoi ne pas l'appliquer à tous les niveaux scolaires ? C'est bien sûr plus facile si un ou plusieurs enseignants en prennent l'initiative, mais l'idée peut être amenée par les associations de parents d'élèves. À Taïwan, on réalise par exemple un tee-shirt de classe. Je connais une école privée dans laquelle perdure une longue tradition de groupes thématiques d'élèves de plusieurs niveaux scolaires. Ils se retrouvent tout au long de l'année pour des activités extrascolaires, souvent autour de projets de solidarité.

Pour les classes maternelles ou les premières classes du primaire, un simple après-midi de jeux de société peut suffire. On sélectionnera ces jeux sur le critère de la coopération, c'est-à-dire à l'opposé de l'esprit de compétition et de concurrence.

Pour résumer, on retiendra que l'attachement, processus affectif et instinctif, est un préalable à l'intégration, processus social. Que l'intégration est une composante non négligeable de la motivation. Et enfin que la réussite scolaire, processus complexe, dépend dans une large mesure des trois processus précédents.

Quelques pistes pour entretenir sa motivation

Sous réserve que le lien d'attachement ait bien été créé, la motivation reste une disposition naturelle des enfants. Ils sont entiers et aiment s'investir dans ce qu'on leur propose. Ils aiment en particulier apprendre. Bien souvent, la seule chose qui nous incombe est juste de préserver cette motivation naturelle. Motiver vos enfants, c'est leur manifester de l'affection, c'est reconnaître leur travail et leurs efforts – mêmes s'ils sont imparfaits, et même s'ils ne correspondent pas à vos attentes (!) – par des gestes d'encouragement, un regard, des paroles. C'est valoriser leurs points forts et leurs progrès sur les points faibles. Ce qui compte, c'est de remplir leur réservoir d'amour pour leur permettre d'évoluer. Et puisqu'ils apprennent davantage en nous imitant qu'en nous écoutant, il importe aussi de renforcer notre propre confiance en nous et notre confiance dans la vie…

Voici quelques pistes concrètes pour nourrir la motivation de votre enfant au quotidien.

- Apprenez à votre enfant à se connaître, à s'aimer et à se faire confiance. Car sans amour, sans estime de soi, il n'y a pas de motivation ni d'élan vital.
- Laissez-le explorer, laissez-le se tromper.
- Évitez les humiliations qui peuvent engendrer de graves blocages et provoquer de petits voire de grands traumatismes. Utilisez les ressources de l'éducation bienveillante[1].
- Évitez d'entrer dans un rapport de force du style : « Qui commande ici ? » Invitez-le à trouver avec vous une solution. Créez les conditions d'une coopération pour imaginer une solution gagnant-gagnant, fixez ensemble un objectif. On pourra s'inspirer de l'approche Smart (mot qui signifie « intelligent » en anglais), mise au point en 1954 par le théoricien du management américain Peter F. Drucker. L'objectif devra être :

1. Voir par exemple mon premier ouvrage, *Élever ses enfants sans élever la voix. Guide pratique de l'éducation bienveillante*, *op. cit.*, 2014.

- *spécifique/précis,*
- *mesurable,*
- *ambitieux/atteignable/motivant,*
- *réaliste,*
- *fixé dans le temps.*

- Autre approche très complémentaire : la politique des petits pas. Créez les conditions d'une réussite en fixant avec lui des objectifs à sa portée, progressifs et de difficulté croissante. Acceptez que le résultat ne soit pas aussi abouti que vous pourriez l'espérer.
- Offrez-lui des moments de qualité : repeignez avec lui une cabane au fond du jardin, rangez un grenier ou montez un meuble en kit. Soyez ensemble et faites ensemble.
- Reconnaissez votre enfant comme un individu à part entière avec son intelligence et son rythme propre. N'en faites pas un adulte en miniature en lui en demandant trop ; ne le traitez pas non plus comme un être indifférencié. Quel que soit son âge, efforcez-vous de découvrir sa personnalité et ses capacités.
- Ne le surprotégez pas physiquement, psychologiquement et émotionnellement. Respectez son espace, admettez qu'il puisse être triste, en colère, qu'il puisse se faire mal… Nous avons vu combien les enfants ont cette capacité à traverser les difficultés, à rebondir pour avancer dans la vie. Cessez de vous imaginer que la vie est linéaire, constante et régulière. Préparez votre enfant à acquérir progressivement son autonomie sur tous les plans.
- Stimulez son indépendance, sa créativité et sa responsabilité. N'attendez pas forcément qu'il vous réponde tout de suite : laissez-lui le temps de réfléchir, laissez-lui le temps de faire sa propre expérience.
- Apprenez-lui à passer des moments seul sans que ce soit pour lui source d'angoisse. Ces moments d'isolement sont importants pour se poser, loin du brouhaha de la vie quotidienne et du monde et pour acquérir une plus grande sérénité, propice à la réflexion : se ressourcer, s'écouter, trouver des réponses, faire des choix…

- Aidez-le à grandir, à cultiver le goût de l'effort et pourquoi pas de l'excellence car l'effort et la recherche de l'excellence peuvent devenir une source d'énergie et de plaisir et non une contrainte ni une souffrance.
- Acceptez qu'il ne fasse pas le même parcours scolaire ou professionnel que vous. Il aura toujours plus de chances de réussir dans un métier qu'il aime, même si le chemin est étroit, que dans un métier qu'il rejette, même si la voie est réputée « royale ».
- Intéressez-vous à sa scolarité, donc à lui et pas uniquement à ses notes et à son classement. Faites-lui parler de ses amis, du projet de classe, de ce qu'il aime…
- N'exigez pas toujours une réponse à la minute où vous l'interrogez. Laissez-lui le temps de s'approprier la question, de formuler sa réponse, qui sera la sienne et non celle que vous lui suggérez, même inconsciemment.
- Essayez de ne pas dramatiser une situation vécue par votre enfant avec ses amis ou avec les professeurs. Prenez vous-même le temps de la réflexion avant de juger ou d'agir.
- Ne le comparez pas avec ses frères et sœurs, ses cousins ou ses amis, qu'il s'agisse de leur parcours scolaire ou d'autres domaines (sport, arts, taille/poids, appétit…).
- Donnez-lui des responsabilités, même pour des petites choses. Il se sentira utile. Et n'oubliez pas de renforcer ces responsabilités avec l'âge – cela le valorisera aussi.
- Donnez de la joie à votre enfant, transmettez-lui ce qui vous rend heureux. Le beau fait du bien à l'âme. Que pour vous le beau s'exprime dans une magnifique pâtisserie, le dernier bâtiment créé par Frank Ghery, un morceau de rap ou un robot sur Mars, ne vous privez pas de lui faire partager votre sensibilité. Le beau peut se donner à toucher, à voir, à écouter, à sentir, à goûter : initiez-y votre enfant (musées, concerts, etc.).
- Aidez-le à prendre davantage conscience de son corps et de ses sensations. Développez ses sens : vue, ouïe, toucher et même

goût et odorat. Ils sont la porte d'entrée des apprentissages (voir p. 124).

- Enseignez à votre enfant comment prendre soin de lui.
- Préservez et faites grandir son rapport à la nature.
- Encouragez-le à pratiquer des activités physiques qui le feront bouger également dans sa tête (nous y reviendrons p. 193), d'autant plus qu'il ne sera pas dans un contexte de compétition.
- Faites-lui faire des activités d'arts plastiques.
- Procurez-lui ou donnez-lui accès à des outils qui facilitent son adaptation et son interaction avec le monde actuel, en particulier les outils numériques. Investissez-vous avec lui dans leur maîtrise sans tomber dans la peur ou les jugements hâtifs (gardez cependant à l'esprit les avertissements concernant le bon usage des écrans, p. 63).
- Apprivoisez vos émotions et identifiez vos croyances pour prendre du recul. Veillez à vous détendre. Essayez autant que possible de ne pas vous laisser submerger par vos propres émotions, face à l'impulsivité, à la colère ou à l'agressivité de votre enfant, de votre conjoint, de l'environnement. Tentez d'identifier vos émotions et de les apprivoiser avant de parler à votre enfant. Le désaccord ou les difficultés rencontrées vous paraîtront le plus souvent moins importants. Si toutefois vous vous sentiez débordé par la situation, n'hésitez pas à demander l'aide d'un professionnel de confiance (psychothérapeute, coach en parentalité, praticien de la méthode Vittoz, etc.).

Perception sensorielle et apprentissage

Explorer le monde : comment ?

Avant même de mettre en jeu les différentes formes d'intelligence déjà abordées plus haut, notre première relation au monde passe par nos sens. Dès 1989, Roger Lécuyer, professeur émérite de psychologie du développement à l'université Paris-Descartes, dit que la perception sensorielle est à la base de l'intelligence.

La perception sensorielle se développe dès les premières semaines de la grossesse. Le fœtus est conscient et réagit aux événements extérieurs. Il entend les bruits venant de l'extérieur, il bouge, il goûte le liquide amniotique, il touche ses pieds ou le cordon ombilical. Il exerce un peu sa vue même si c'est dans de faibles proportions ; il perçoit la luminosité dans le ventre de sa mère. Bien sûr, ses sens se développeront davantage pendant les premières années de sa vie.

Les enfants ont plus de compétences qu'on ne le pense et les bébés sont intelligents. Ils ont le sens des quantités, des statistiques et des mathématiques et bien d'autres notions. Le seul outil qui leur manque, c'est le langage pour les exprimer[1].

L'intelligence s'exprime, grandit et se consolide au travers des cinq sens qui se développent différemment selon les enfants. Le goût et l'odorat sont, sauf exception, moins développés chez l'être humain que la vue, l'ouïe et le sens kinesthésique (perception des mouvements du corps), lesquels prennent la plus grande place. Et nous avons tous un sens prédominant, même si nous travaillons avec tous.

1. Roger Lécuyer, *L'Intelligence de mon bébé en 50 questions*, Dunod, 2014.

Avez-vous observé un bébé quand il commence à bouger et à se mouvoir ? Pendant cette période, il regarde et écoute avec attention, il attrape tous les objets qui sont à sa portée et les porte à sa bouche. Il développe progressivement tous ces sens avant de commencer à verbaliser.

Il est donc essentiel de donner à l'enfant le temps d'explorer et d'expérimenter avec tous ses sens : la vue, en l'amenant à observer et à regarder ; l'odorat, en lui faisant sentir mais aussi goûter… ; le sens kinesthésique, en favorisant la motricité libre (temps pendant lequel l'enfant choisit ses mouvements). Toutes ces expériences renforcent ses compétences : elles permettent la mise en place de connexions neuronales. Et plus il y aura de connexions, plus la suite des apprentissages en sera facilitée.

À chaque fois qu'il manipule, il crée dans son cerveau des circuits d'informations qui lui permettront ensuite d'associer, de déduire, de comprendre les rapports de cause à effet, etc.

Je vous propose d'explorer plus spécifiquement les trois sens principaux (vue, ouïe et sens kinesthésique). Je commencerai par les indices qui vous permettront de reconnaître celui qui domine chez votre enfant. Puis je vous donnerai des pistes pour l'accompagner dans ses apprentissages.

L'enfant visuel

C'est un enfant très attentif qui vous dévore des yeux. C'est un enfant qui bouge beaucoup. Il crée facilement des relations par le regard. Il est sensible aux images, aux films. Il retient plus facilement ce qu'il a lu s'il y a des illustrations. Il a une mémoire photographique. Pour accompagner efficacement un enfant visuel dans ses apprentissages, voici ce que vous pouvez faire :

- lui faire utiliser la couleur très tôt (coloriages, mandalas…) ;
- l'inviter à construire des images mentales ;

- lui faire faire des exercices de visualisation ;
- lui lire longtemps des livres illustrés ;
- lui faire faire des dessins et des cartes mentales (*mind mapping*) ;
- le laisser faire des gribouillages sur ses cours (et même sur ses copies !) ;
- lui proposer d'illustrer les cahiers d'histoire avec des frises historiques, les cahiers de géographie avec des cartes et des photos, les cahiers de sciences avec des schémas et des dessins ;
- l'inciter à rédiger des fiches de synthèse avec des images et des couleurs, avec une mise en page identique pour chaque fiche ;

L'enfant auditif

Il aime écouter. Il écoute le monde extérieur. Il est sensible au bruit. Il parle facilement. Il est plus sédentaire que l'enfant visuel ; il bouge moins. Il identifie facilement le ton de la voix au travers duquel il perçoit l'émotion de son interlocuteur et ses intentions.

Pour accompagner efficacement un enfant auditif dans ses apprentissages, voici ce que vous pouvez faire :

- passer du temps à l'écouter ;
- lui demander son avis ;
- lui répéter les choses ;
- le faire lire à haute voix ;
- le faire verbaliser ce qu'il a compris ;
- lui faire écouter de la musique et plus particulièrement de la musique classique ;
- lui faire jouer d'un instrument ;
- lui proposer de mettre ses leçons en rythme façon rap ou en poésie (de préférence en vers et en rimes) ;
- lui faire enregistrer ses cours (soit directement en classe, soit en travaillant à la maison) pour les réécouter n'importe où, même dans les transports en commun.

L'enfant kinesthésique

Il perçoit le monde par le mouvement. C'est un enfant affectueux, sensible, qui aime le contact. Il parle lentement. Il aime toucher et être touché. Il a du mal à rester en place. C'est très souvent un athlète qui a une grande énergie. Il aime les défis et la compétition. Il apprend facilement par la pratique et les expériences manuelles.

Pour accompagner efficacement un enfant kinesthésique dans ses apprentissages, voici ce que vous pouvez faire :

- faites-lui des câlins, caresses, chatouilles, massages… sans modération ;
- laissez-le vous toucher ;
- faites-lui manipuler des matériaux (sable, terre, eau) ; faite de la cuisine avec lui ;
- encouragez-le à faire des activités d'extérieur ;
- faites-le écrire avec différents outils et sur différents supports (en commençant par un doigt dans le sable) ;
- laissez-le se défouler avant de commencer ses devoirs ;
- évitez de lui demander de rester tranquille ;
- faites-lui réciter les jours de la semaine ou les tables de multiplication en sautant sur le lit ou le canapé, en échangeant une balle, en sautant à la corde ;
- invitez-le à faire les cent pas à chaque fois qu'il a besoin de réfléchir ou d'apprendre ;
- offrez-lui des jeux de manipulation, des maquettes, un Meccano ou des coffrets pour faire des expériences ;
- faites-lui pratiquer un sport de haut niveau.

Attention : si nous avons décortiqué ces trois modes principaux de perception du monde, c'est pour vous permettre de mieux repérer celui qui domine chez votre enfant. Il reste absolument indispensable de développer au maximum tous ses sens : continuez de solliciter votre enfant de toutes les manières possibles. Une personne privée de l'usage d'un de ses sens (aveugle, sourde, paralysée…) est à juste titre qualifiée de « handicapée ». Elle devra apprendre à compenser le sens manquant ou défectueux avec les autres. Alors si nous avons la chance de n'être privé d'aucun d'eux, travaillons à les développer tous ! Utiliser tous ses sens facilite les apprentissages scolaires.

À ce propos, comment faire prendre conscience à un enfant de ses capacités sensorielles ? Commencez par l'observer. Puis questionnez-le, tout simplement. C'est s'il en prend conscience par lui-même que ce sera le plus efficace. Demandez-lui par exemple :

- *Est-ce que tu comprends mieux ta leçon en la recopiant ou en la lisant à haute voix ?*
- *Est-ce que tu la retiens mieux en l'écoutant, ou en la récitant dans ta tête tout en marchant dans la maison ?*
- *Est-ce qu'en fermant les yeux tu vois ta leçon ?*

Bouger pour apprendre

Il semblerait que notre mode de vie moderne ait contribué à nous faire oublier les bienfaits de l'activité physique. Pour le Dr James Levine, médecin endocrinologue et chercheur à la clinique Mayo dans l'Arizona, « les chaises dans les classes, c'est pire que la cigarette[1] ». À travers ses études, il démontre combien le manque d'activité et de mouvement nuit gravement au développement affectif et cognitif de l'enfant.

Il a fait l'expérience dans une classe de primaire d'installer des bureaux sans siège, ou plus exactement des bureaux mobiles devant lesquels on travaille debout… voire dans d'autres positions. Et il constate, capteurs et statistiques à l'appui, que cela a un impact positif sur les élèves : moins d'agressivité, plus de concentration, et de meilleurs résultats scolaires. Il suffit de supprimer les chaises, d'avoir des tables surélevées et mobiles, et de permettre aux enfants de se

1. *Get Up ! Why Your Chair Is Killing You and What You Can Do About It*, Palgrave Macmillan, 2014.

mettre dans la position qui leur convient le mieux et d'en changer quand ils en ont envie. Qu'ils puissent s'accroupir dans un coin, se mettre à quatre pattes pour empiler des cubes, voire se coucher sur le ventre pour dessiner...

Autre initiative innovante : Takaharu Tezuka, l'architecte japonais dont nous avons déjà parlé p. 59, est convaincu qu'il faut supprimer les barrières et les cloisons de notre monde en commençant par celles de l'école. L'école ovale qu'il a conçue et réalisée à Tokyo a plusieurs caractéristiques originales : pas de cloisons entre les classes, une ouverture complète sur l'extérieur, un accès au toit dont on peut faire le tour complet, des arbres où on peut grimper... Les enfants sont ainsi encouragés à bouger davantage. Là encore, on constate qu'il y a moins d'agressivité, plus de concentration et de meilleurs résultats scolaires. Il résume son intuition initiale dans sa conférence TEDx[1].

Dans plusieurs pays nordiques, la législation oblige même les employeurs à mettre à la disposition de leurs salariés des bureaux à hauteur réglable, leur permettant ainsi de travailler assis ou debout.

Les études nous apprennent que l'on retient :
- 10 % de ce qu'on lit;
- 20 % de ce qu'on entend;
- 50 % de ce qu'on lit, voit et entend;
- 80 % de ce qu'on est en mesure d'expliquer à l'autre.

Il ne suffit pas d'avoir retenu pour comprendre et surtout appliquer. Il faut mémoriser puis mettre en pratique pour assimiler. C'est pourquoi beaucoup d'enfants peuvent réciter par cœur des règles (de grammaire, de géométrie...) sans être capables de les appliquer ni de les expliquer quelques semaines plus tard.

1. Tokyo, septembre 2014 (voir note p. 52).

ASTUCE

Une minute pour se souvenir

Votre enfant rentre à la maison. Avant qu'il ne commence ses devoirs et n'ouvre son cahier, je vous invite à prendre avec lui un moment pour faire un petit travail très efficace.

Demandez-lui de raconter ce qu'il a appris aujourd'hui et invitez-le à résumer en quelques phrases les concepts et mots-clés de sa leçon. Il lui suffira ensuite de relire son chapitre et de mémoriser les informations précises qu'il n'avait pas encore retenues. Pour finir d'apprendre sa leçon, il utilisera l'outil adapté à son sens dominant, par exemple :

– une fiche de synthèse en couleurs ou une carte mentale (*mind mapping*) s'il est visuel ;
– un enregistrement sonore si c'est un enfant auditif ;
– déambuler ou marcher au pas en répétant une définition ou des dates s'il est kinesthésique.

Votre enfant prendra progressivement l'habitude :

– de faire cette démarche seul ;
– de se concentrer en classe pour s'attacher au sens général de la leçon et en retenir l'essentiel ;
– de finir d'apprendre sa leçon à la maison en utilisant les outils qui lui sont le plus favorables.

Émotions, concentration, visualisation… et plus encore

Émotions : la météo intérieure

Avez-vous remarqué qu'il peut très bien pleuvoir le matin et y avoir un grand soleil dans l'après-midi ? Le temps change dans la journée et d'un jour à l'autre.

Nos émotions sont comme le temps : elles évoluent au cours de la journée en fonction des événements mais aussi en fonction de notre état intérieur tels le manque de sommeil, l'approche d'une échéance… Il en est de même pour nos enfants. Apprendre à nos enfants à s'écouter pour découvrir leur état émotionnel est aussi important que d'apprendre à lire. Que n'économiserions-nous pas comme énergie si nous savions plus facilement reconnaître (et accompagner) notre état physique et émotionnel ?

Une émotion n'est ni bonne ni mauvaise en soi. Elle a comme fonction première de nous permettre de réagir pour nous protéger. Elle s'exprime à travers le corps très rapidement, avant que nous en prenions conscience (sueurs, battements de cœur, palpitations, muscles tétanisés…). Elle nous renseigne sur ce que nous vivons. Elle a une influence directe sur notre comportement. Elle peut être agréable ou désagréable, parfois violente. Elle peut nous submerger et nous empêcher d'agir. Apprendre à mieux connaître ses émotions et à les apprivoiser permet de retrouver son équilibre plus rapidement ou d'éviter de retomber dans une situation similaire et désagréable.

Chez l'enfant, c'est pareil, sauf qu'il vit les choses encore plus spontanément et intensément que les adultes. Ce sont pourtant des premières expériences indispensables. C'est un moyen pour lui de faire son apprentissage du monde. Il est donc d'autant plus important pour lui d'apprendre à reconnaître ses émotions : plus son vocabulaire sera riche, plus il pourra verbaliser ce qu'il vit, plus ce sera efficace.

On reconnaît 4 grandes émotions :
- la colère ;
- la peur ;
- la tristesse ;
- la joie ;

avec toutes leurs nuances. Deux autres « émotions » sont souvent citées : le dégoût et la surprise.

OUTIL

Reconnaître son état émotionnel

Voici quelques mots de vocabulaire pour aider votre enfant à identifier et décrire son état émotionnel et physique :

État négatif : je suis ou je me sens	**État positif :** je suis ou je me sens
Découragé	Heureux
Déprimé	Content
Déçu	De bonne humeur
Malheureux	Confiant
Angoissé	Paisible
Agité	Calme
Pessimiste	Ressourcé
Sans énergie / lymphatique	Satisfait
Médiocre	Joyeux
Fâché	Émerveillé
Honteux	Fasciné
Rejeté	Passionné
Énervé	Séduit
Contrarié	Enchanté
Démoralisé	Amusé

Misérable
Lamentable
D'humeur maussade
Morose
Mélancolique
Chagriné
Épuisé
Harcelé
Vidé
Accablé
Faible
Inerte
Endormi
Fatigué
...

Ravi
Libre
Fortifié
Inspiré
Gai
Léger
Satisfait
Rayonnant
Charmé
Ému
Touché
Curieux
Attentif
Étonné
Intéressé
...

Voici des exemples simples de réactions émotionnelles :

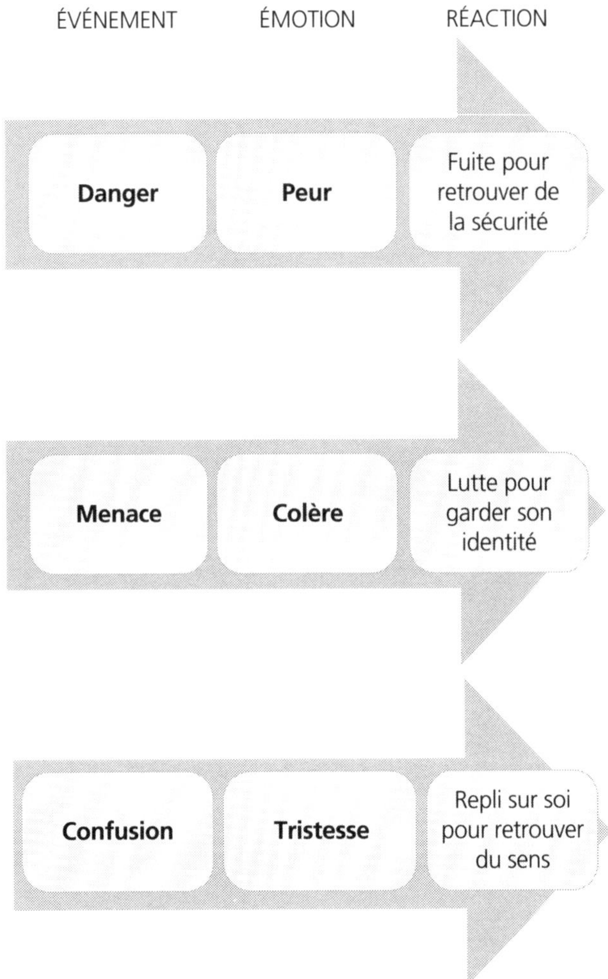

De l'événement à la réaction : le rôle de l'émotion [1]

1. Inspiré de Catherine Aimelet-Périssol et Pierre Massot, *E.M.O.T.I.O.N. 7 étapes pour se comprendre*, Albin Michel, 2015.

Pour permettre à votre enfant de reconnaître quelle émotion l'habite, vous pouvez procéder en deux temps :

- l'aider à reconnaître ses sensations physiques;
- lui faire nommer l'émotion correspondante, avec autant de nuances que possible, en fonction de son âge et de sa connaissance des émotions.

Prendre conscience de sa « météo intérieure » permet à l'enfant de changer d'humeur et donc d'attitude ou de comportement. N'hésitez pas à utiliser ces termes de « météo intérieure », qui sont souvent plus représentatifs pour lui. Et aidez-le à se rendre compte qu'il peut accueillir son émotion.

Quelques exemples d'objectifs et de bénéfices à en attendre :

- gérer un conflit avec un camarade;
- résister au stress d'un contrôle ou d'un examen;
- comprendre le comportement d'un enseignant;
- se protéger des provocations;
- calmer son mental;
- canaliser son agressivité ou sa colère;
- accueillir une bonne nouvelle;
- retrouver de l'énergie, se ressourcer;
- disposer d'une meilleure disponibilité pour l'apprentissage.

Le chemin de découverte des émotions implique que le parent aide l'enfant à les identifier, à comprendre leur rôle et à poser de petits actes pour retrouver un équilibre et de la joie. Quand les parents commencent tôt et régulièrement à aborder ces questions et à proposer ces pratiques de gestion des émotions, l'enfant peut commencer à être autonome dans ces pratiques vers 8 ans; il retrouve plus vite son équilibre émotionnel. Il sera bien sûr profitable de continuer à l'accompagner longtemps...

Plus vos émotions vous seront familières, mieux vous serez en mesure d'accompagner votre enfant. D'autant que nos émotions se répercutent sur l'état émotionnel de nos enfants.

Je vous invite à découvrir dans mon précédent ouvrage, *Élever ses enfants sans élever la voix*[1], le chapitre sur les émotions. Il aidera votre enfant à découvrir et apprivoiser ses émotions.

L'association Oze propose régulièrement des ateliers sur la gestion des émotions et du stress. Elle édite aussi des jeux dans cet objectif[2].

OUTIL

Les *playlists* des émotions

La musique est un très bon outil pour apprivoiser les émotions et le stress. Proposez à votre enfant (ou faites-le s'il est trop jeune) de se constituer trois *playlists* avec chacune un style de musique adapté à un état émotionnel :
– une liste pour se relaxer ;
– une liste pour se donner de l'énergie ;
– une liste pour pleurer (un peu).

Stop au stress !

Voici quelques situations révélatrices d'un stress familial ou scolaire où les actions mises en œuvre ont tendance à le renforcer :

- enfant changé d'établissement pour anticiper et favoriser l'admission dans une meilleure classe lors du passage au collège (au lycée) ;
- surenchère aux cours particuliers ;
- relation plus difficile avec l'enfant ; cercle vicieux de la perte de confiance des parents envers l'enfant et de l'enfant en lui-même ;
- panique des parents à l'idée de perdre 5 minutes à faire des exercices de relaxation. Dépréciation des cours non indispensables comme les cours de pratique artistique ;

1. *Op. cit.*
2. www.oze-coaching.fr

- un établissement scolaire qui annonce aux parents, au début de l'année, que les six premiers de la classe, et ceux-là seulement, pourront poursuivre leur scolarité dans l'établissement l'année suivante.

Rompre un tel cercle vicieux demande une grande lucidité et un peu d'indépendance d'esprit :

> *Laura a consenti des efforts financiers importants pour payer des cours particuliers à sa fille jusqu'en quatrième, sans beaucoup de résultat. Le cercle vicieux du stress et de la pression est bien installé. Laura est propriétaire d'un salon de coiffure qui marche très bien. Elle considère que ses enfants doivent faire des études longues pour faire mieux qu'elle. En troisième, sa fille décide pourtant de faire son apprentissage en coiffure. Laura prend conscience qu'elle peut en finir avec cette pression et donne son accord à sa fille. Celle-ci retrouve alors de la motivation et fait de nets progrès. En revanche, il lui reste à lutter contre la pression du milieu scolaire qui exprime indirectement sa croyance qu'« il y a mieux dans la vie qu'être coiffeur » !*

Que penser des cours de soutien scolaire ? Ils peuvent être utiles et seront d'autant plus efficaces qu'ils se dérouleront dans un environnement favorable :

- un enseignement individuel qui tienne vraiment compte des forces et faiblesses d'apprentissage de l'élève ;
- un accompagnement sur la confiance en soi de l'enfant ;
- un travail sur la motivation et/ou sur les objectifs à moyen ou long terme ;
- et l'application d'un certain nombre d'outils et conseils comme ceux proposés dans ce livre.

Des cours de soutien, dans ces conditions, et surtout si le jeune est volontaire, peuvent être très efficaces sans qu'il y ait besoin de les prolonger sur le long terme. On est alors très loin des cours de soutien systématiques, solution qui rassure les parents et fait les beaux jours (et les bénéfices) de certaines entreprises.

C'est dans la petite enfance que notre cerveau et notre corps sont le plus sensibles à l'effet du stress. Le stress interfère sur l'apprentissage, sur la vision du monde, sur la relation de confiance envers l'adulte. En situation de stress, le cerveau limbique, siège des émotions, est coupé du cerveau cortical, siège des apprentissages. Ceux-ci sont largement perturbés. Les informations ne sont pas comprises ou ne sont pas enregistrées dans les différentes mémoires à court et à long terme. Les enfants qui grandissent dans un environnement stressant ont donc plus de mal à se concentrer, à être calmes, à se remettre d'une déception, à accepter des règles qu'ils ne comprennent pas bien.

Paul Tough[1] a réuni de nombreuses études qui font le lien entre pauvreté, insécurité affective et matérielle, et problème de mémorisation et de concentration chez les enfants. Il ne s'agit plus d'affirmer, comme au XIXe siècle, que la pauvreté est le résultat de la non-intelligence mais de montrer que la pauvreté (au sens large) provoque bien souvent des conditions inadaptées à de bons apprentissages. Il ne s'agit pas tant ici de moyens financiers que de lien d'attachement insuffisant, d'insécurité, de stress, d'enfermement dans la surconsommation, de manque d'ouverture (au beau, à la nature, au monde...). Et j'insiste : la surconsommation de produits et de biens dans une famille, qui est une façon pour les parents de se dédouaner du peu de temps qu'ils consacrent à leurs enfants, va produire le même résultat final que l'excès de stress.

1. *Comment les enfants réussissent*, *op. cit.*

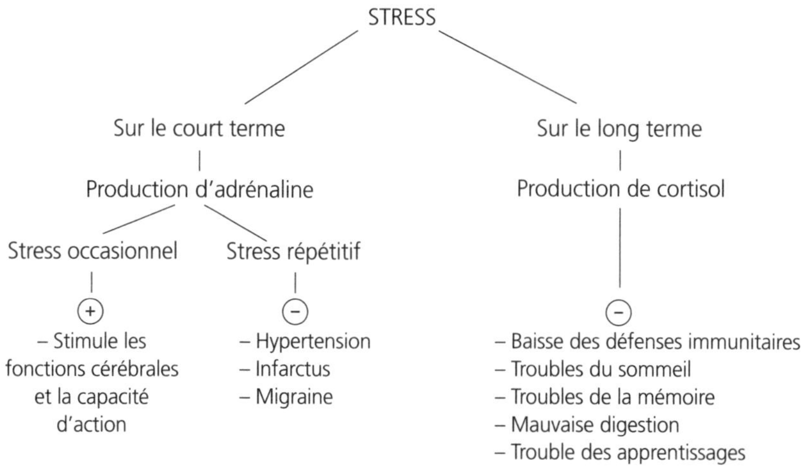

Les effets du stress sur l'organisme

Le stress, la pression peuvent être positifs quand ils sont liés à un objectif atteignable par l'enfant, et pourvu qu'ils soient limités dans le temps. Mais le stress à répétition provoque à la longue des maladies physiques (augmentation des risques cardio-vasculaires, de l'hypertension...) et des états psychologiques comme :

- *le burn-out;*
- la dépression ;
- la difficulté à se concentrer ;
- les troubles du sommeil ;
- le sentiment d'impuissance, de culpabilité ;
- l'agressivité ;
- le découragement, l'abandon ;
- la démotivation ;
- la perte de l'estime de soi, de confiance en soi ;
- le manque d'énergie pour poser des actes ;
- la tentation d'en faire toujours plus, sans résultat satisfaisant ;
- le sentiment d'isolement social ;
- le mal au ventre.

Quand on aime ce qu'on fait, quand on se sent à sa place, quand on est reconnu, quand on est en lien avec les autres, il n'y a pas lieu d'être stressé. On est dans une bonne dynamique et cela profite à tous.

Je ne néglige pas l'impact du stress

J'ai identifié une situation de stress qui est négative. Que se passe-t-il en moi pour que j'agisse comme je le fais ? Je procède par étape pour dépasser cette situation.

→ Quelles sont mes peurs ? – – –
→ Quelles sont mes croyances à ce sujet ? – – –
→ Quelle pression je me mets ? – – –
→ De quel environnement extérieur j'ai tenu compte ? – – –
→ Quelle serait la situation idéale pour mon enfant ? – – –

→ Quelle serait la situation idéale pour ma relation avec mon enfant ?

–

–

–

→ Je trouve 5 idées pour changer la situation :

–

–

–

–

–

J'en choisis une et je l'applique.

REPÈRES

Pour mieux comprendre votre enfant quand il est découragé

Un enfant ou un adolescent découragé est aussi déstabilisé. Il cherche à rétablir sa sécurité intérieure, et cela passe généralement par ces trois phases (avec des variantes) :

– il demande de l'attention et des privilèges ;
– il cherche à rétablir la maîtrise et le contrôle de la situation par des comportements de prise de pouvoir et de domination sur une situation ou une personne. Ou : il s'enferme dans « sa caverne » ; il devient absent, résigné ; il se sent inhibé ou asphyxié ;
– il cherche à confirmer sa croyance qu'il n'est pas bon, pas capable.

Concentration et attention

Internet, réseaux sociaux, publicité, SMS... Notre attention est sollicitée de façon hachée : la capacité à se concentrer est devenue une aptitude rare même pour nos enfants. Le manque de concentration commence souvent à se révéler au travers de remarques comme « Il est dans la lune », « Il fait des fautes d'inattention », « Il faut lui répéter dix fois les choses ».

Dès 1880, les problèmes liés au manque d'attention et de concentration font leur apparition. On se demande comment garder les ouvriers concentrés sur les machines pour éviter les accidents, maintenir la production. C'est ainsi que, plus tard, dans les années 1960-1970, est apparue la machine à café : l'occasion de faire une pause et de prendre un stimulant avec du sucre. Aujourd'hui encore, il est difficile de rester concentré. Le journal de 20 heures ne consacre pas cinq minutes par thème. On nous présente un sujet : à peine l'avons-nous découvert que notre opinion est déjà faite !

La littérature scientifique montre que la télévision et les jeux vidéo ont une action directe sur nos capacités d'attention. Le manque de sommeil, le manque de temps pour les jeux libres et le manque de contact avec la nature ont le même effet. Quand le manque de sommeil touche les enfants d'âge préscolaire, les effets sont plus profonds encore, avec des répercussions sur leur capacité d'attention pendant toute leur scolarité, même s'ils retrouvent un bon cycle de sommeil plus tard.

On connaît depuis une dizaine d'années une explosion des problèmes d'inattention et de manque de concentration. À un niveau pathologique, ces problèmes sont qualifiés de troubles de déficit de l'attention/ hyperactivité (TDAH).

Mais avant d'en arriver là, rappelons que, de toute façon, nos capacités de concentration sont limitées dans le temps (par tranche de 15 à 20 minutes) et diffèrent d'un individu à l'autre. La concentration est parfois sélective, notamment en fonction de la motivation. Mais, bonne nouvelle, elle s'acquiert et se travaille !

Michel Desmurget, chercheur en neurosciences, l'affirme, études à l'appui : « Notre attention fonctionne selon un double système. Un système automatique : c'est le monde extérieur qui vient la stimuler mécaniquement en dehors de tout effort conscient. Et un système volontaire : c'est le sujet qui la dirige sciemment sur un objet[1]. »

La concentration mobilise et favorise une bonne mémoire. L'attention est nécessaire à la réussite de la scolarité. Un trouble de l'attention engendre, par effet boule de neige, échec scolaire, baisse de l'estime de soi, agressivité, manque de motivation et difficultés relationnelles.

L'enfant atteint de troubles de l'attention a des difficultés à se concentrer et tout devient prétexte à la distraction. Voici quelques comportements qui doivent vous alerter et vous rendre vigilant :

- l'enfant a des difficultés à rester assis ;
- quand il est assis, il se tortille/est agité ;
- il est distrait ou inattentif ;
- il agit d'abord, réfléchit ensuite ;
- il ne peut pas travailler seul ;
- il a des difficultés à écouter ;
- il a beaucoup de mal à se mettre au travail ;
- il a du mal à organiser son travail ou à préparer son matériel (crayons, livres, etc.) ;
- il éprouve des difficultés à finir les tâches ;
- il interrompt ou perturbe souvent les autres ;
- il a du mal à suivre les consignes ;
- il a de la peine à rester concentré sur une tâche ;
- il est facilement distrait par des stimuli externes ;
- il oublie souvent les activités routinières.

1. *TV lobotomie : la vérité scientifique sur les effets de la télévision*, Max Milo Éditions, 2012.

Les enfants atteints de dyslexie (et autres troubles en « dys- ») sont bien souvent sujets à un manque d'attention qu'il peut être pertinent de traiter en même temps que le trouble lui-même.

Rappelez-vous que la motivation, le désir de faire apparaissent quand on voit des avantages à ce que l'on fait. Or la motivation joue un rôle dans la stimulation et l'envie de se concentrer, c'est-à-dire de trouver l'énergie nécessaire pour diriger son attention. La motivation favorise la concentration.

À RETENIR

Les bénéfices de la concentration

Si je suis concentré et attentif :
- j'étudierai moins longtemps (puisque je me souviendrai mieux des leçons et des méthodes enseignées) ;
- j'aurai plus de plaisir à l'école (quand c'est facile, ça devient vraiment plus agréable) ;
- j'aurai de meilleures notes, de meilleures relations avec les professeurs ;
- j'aurai plus de temps de loisirs.

Pour renforcer le cercle vertueux du plaisir, de la motivation et de l'attention, l'élève doit pouvoir créer des liens entre les différents supports d'apprentissage ou valoriser le travail en projet.

Il est important que l'enfant se sente capable de réussir sans que cela ne lui semble trop difficile. Il est donc nécessaire de lui fixer un objectif raisonnable : ne pas mettre la barre trop haut, l'encourager, l'inviter à procéder par étapes.

ASTUCE

Concentration = peu + bien

Lors de la préparation ou de la correction d'un contrôle, il vaut mieux passer 10 minutes concentré sur un exercice plutôt que 1 heure qui se terminerait par des cris.

Être concentré, attentif, mobilise les sens, pour recevoir les informations, les sélectionner, les enregistrer et les mémoriser. Cela demande également de la disponibilité : il ne faut donc pas être noyé dans ses émotions ou dans des ruminations. Voici quelques conseils concrets pour améliorer la concentration de vos enfants :

- interdire les écrans avant 5 ans – dans l'idéal –, ou du moins en limiter fortement l'usage ;
- donner une grande place aux jeux, au temps passé dans la nature ;
- faire avec eux : puzzles, dessins, coloriages, mandalas.
- leur apprendre à gérer leurs émotions ;
- développer la bienveillance à l'école et à la maison : stop au stress !

Attention ! Si ces recommandations ont montré leur efficacité, il serait cependant illusoire d'imaginer qu'une balade dans la forêt peut tout régler. C'est leur effet cumulé qui est intéressant et donne un résultat ; il faut adopter une hygiène de vie plus écologique, dans tous les sens du terme, pour en retirer des fruits concrets.

Beaucoup d'écoles dans le monde utilisent déjà la sophrologie, le yoga, la méditation comme des outils directs d'amélioration de la concentration. Dans l'idéal, l'intégration de ces pratiques tout au long de la journée, en classe comme à la maison, améliore l'apprentissage et favorise une bonne ambiance. Commencez par les pratiquer en atelier et à la maison.

CARTE MENTALE

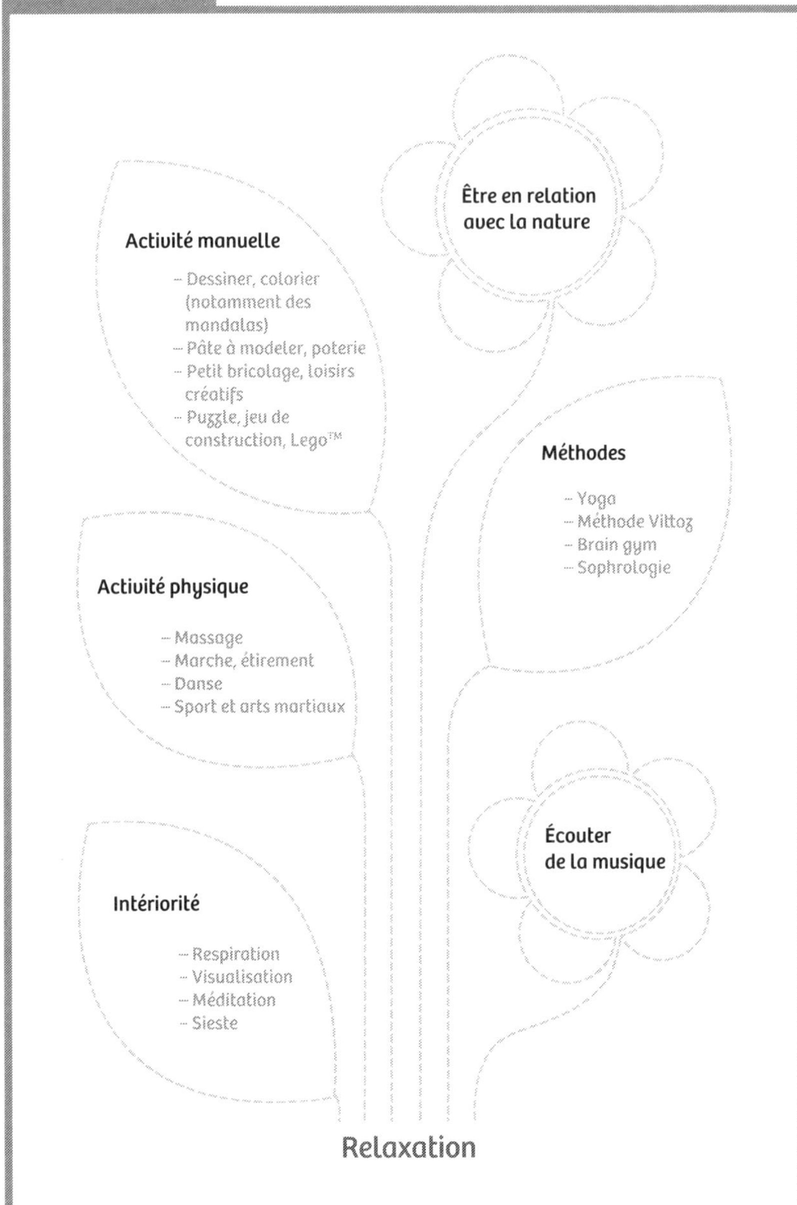

OUTIL

La méditation au secours du travail scolaire

Pour rendre 30 minutes de travail scolaire aussi efficace que 1 heure de cris et de tension, faites faire à votre enfant un petit exercice de méditation de 3 à 5 minutes… en commençant par le pratiquer avec lui.

D'après les dernières recherches, notre alimentation jouerait aussi un rôle important dans la capacité de concentration des enfants. Même si le sujet est encore controversé, il se pourrait que les additifs contenus dans les plats transformés, une nourriture trop grasse et des aliments de mauvaise qualité nutritionnelle impactent de nombreuses capacités cognitives, dont la concentration.

L'importance du sommeil

Beaucoup d'enfants d'aujourd'hui ne dorment pas assez ou mal. Il leur manque en moyenne 30 minutes à 1 heure de sommeil quotidien. Pourtant, le sommeil favorise la mémorisation et la concentration.

Avec leur emploi du temps chargé, les parents rentrent tard à la maison, où une deuxième « journée de travail » les attend. Ils ont envie de profiter de leurs jeunes enfants, sans trop leur imposer quoi que ce soit et sans avoir à se bagarrer pour les coucher. L'univers des adolescents, lui, est envahi par les écrans (télévision, mais surtout ordinateur et smartphone), avec leur flot de sollicitations et de tentations 24 heures sur 24.

Le manque de sommeil se répercute directement sur l'élève sous forme de troubles du comportement, de l'attention, de l'apprentissage et de la mémoire. L'utilisation de l'écran avant le coucher rend l'endormissement plus difficile : le jeune est stimulé par ce qu'il regarde mais aussi par l'exposition à la lumière, laquelle inhibe la sécrétion de l'hormone du sommeil, la mélatonine.

« Le sommeil joue un rôle essentiel dans la croissance, le développement, le métabolisme, la régulation du poids, les fonctions immunitaires, la santé cardio-vasculaire, l'apprentissage, la mémoire, la santé émotionnelle et la prévention des blessures », nous précise la pédopsychologue canadienne Reut Gruber, de l'institut universitaire en santé mentale Douglas au Québec, premier auteur d'un rapport sur le sujet[1].

Voici la quantité de sommeil recommandée pour un bon équilibre, pour des enfants heureux et disponibles pour les apprentissages[2] :

- de 3 à 5 ans : de 11 à 13 heures par jour ;
- de 5 à 12 ans : de 10 à 11 heures par jour ;
- de 12 à 18 ans : de 8,5 à 9,5 heures par jour.

Respecter les besoins de sommeil des enfants est d'autant plus fondamental qu'ils sont jeunes.

L'enfant apprend par l'imitation

Votre enfant reproduit le moindre de vos comportements, de vos gestes quotidiens. Il est comme une éponge.

- *Votre fille de 3 ans est en train de jouer à la poupée. Elle prononce des phrases qui vous rappellent étrangement quelque chose : « Une cuillère pour papa, une pour maman, une pour mamie... » Vous vous apercevez que c'est exactement ce que vous lui avez dit la veille pour l'encourager à manger.*
- *À 6 ou 7 ans, votre enfant joue à la maîtresse. Il y a de grandes chances pour qu'il soit en train de reproduire ce qu'il a vécu ces derniers jours à l'école. Observez-le bien : vous en apprendrez souvent beaucoup sur ce qui se passe quand vous n'êtes pas là !*

---

1. Reut Gruber *et al.*, « Position statement on pediatric sleep for psychiatrists », *Journal of the Canadian Academy of Child and Adolescent Psychiatry*, 23:3, septembre 2014.
2. Michèle Freud, *Enfants, ados... les aider à dormir enfin. Des solutions pour parents épuisés*, Albin Michel, 2015.

Dès l'âge de 18 mois débute la phase du jeu symbolique. L'enfant met en scène ce qu'il voit, ce qu'il entend. C'est un jeu et une phase d'apprentissage à la fois. Dans le monde animal, le bébé lion, le bébé chien apprennent en observant leurs parents. Il en est de même pour l'enfant. Il reproduit ce qu'il voit. Cela lui permet d'appréhender le monde, de comprendre et d'assimiler.

Nina opère son nounours après avoir elle-même subi une opération.

Le jeu de symbolisation est très important dans la construction de l'enfant. Il permet de rejouer une situation, de changer de rôle, de s'approprier les moments difficiles, d'évacuer des tensions et des émotions. Rejouer une scène réelle permet d'intégrer ce qui est bien et moins bien, de s'approprier ses propres limites mais aussi les limites de l'autre ou celles de la société. Faire de la vie un jeu renforce les expériences et les apprentissages. Jouer « comme si j'étais un héros », ou une maîtresse, jouer au papa et à la maman, c'est apprendre. Il est important de laisser du temps à vos enfants pour qu'ils jouent librement : dînette, jeux de construction, dessins, par exemple. Ils poursuivent leurs apprentissages respectivement à travers ces trois jeux : en mathématiques, en stratégie, en motricité. Cela permet d'affiner les mouvements. Nous sommes des modèles pour notre enfant. Ses frères et sœurs et d'autres adultes référents le sont aussi. Cette phase du « faire semblant » perdure longtemps : elle est prédominante jusque vers l'âge de 10 ans, et elle continue au-delà.

Je me souviens de cette famille que j'accompagnais : le père, officier dans l'armée, se plaignait des heures passées par son ado devant les jeux vidéo. Quand je lui ai fait réaliser à quel point son fils travaillait de vraies stratégies et, en plus, imitait de près le travail et la passion de son père, les regards de l'un sur l'autre ont été profondément changés… et leur relation grandement améliorée.

J'ai rencontré beaucoup de parents qui s'étonnent que leurs enfants ne fassent pas ce qu'ils leur disent : « Mes enfants ne m'écoutent pas. »

Une conseillère conjugale se plaignait que son garçon de 12 ans ne travaillait pas assez. Je lui ai fait réaliser à quel point celui-ci l'observait et l'imitait plus qu'elle ne le croyait. En effet, elle pratiquait son métier en dilettante, parce qu'elle n'en avait pas besoin financièrement, parce que c'était pour elle une occupation sans ambition professionnelle, et cela d'autant plus qu'elle trouvait que sa structure associative la sollicitait déjà trop. Son parcours lui permettait d'assumer ce choix. En revanche, si elle ne voulait pas transmettre ce comportement, elle devait au moins en prendre conscience pour lâcher la pression qu'elle imposait à son enfant sous forme de menaces et de cours de soutien.

Sans oublier qu'il est souvent difficile de faire travailler les garçons de 11 à 16 ans avec l'approche classique actuelle de l'école[1].Raison de plus pour mettre en place des stratégies nouvelles comme celles que nous avons suggérées dans les chapitres sur la motivation (p. 109), les émotions (p. 131) et l'approche sensorielle (p. 124).

Bien sûr que votre enfant vous écoute ! Mais souvenez-vous : sa façon d'apprendre consiste plus à imiter vos comportements qu'à appliquer vos paroles. C'est la cohérence de vos attitudes, vos actes avec ce que vous dites qui donneront un bon résultat. « Je pense ce que je dis et je dis ce que je fais. » Votre enfant apprend par l'exemple.

Dans une conférence intitulée « Sommes-nous inspirant pour nos jeunes ? », le psychothérapeute belge Thomas d'Ansembourg insistait : « Notre façon d'être adulte fait-elle sens et envie pour nos jeunes[2] ? »

L'enfant apprend en s'inspirant du monde extérieur

De 14 ans à 20 ans, l'enfant se tourne vers l'extérieur hors de la cellule familiale pour s'inspirer d'autres modèles : c'est l'âge de la recherche du héros. En ce moment, notre société propose comme modèles des joueurs de football, des acteurs de cinéma mais

1. Jean-Louis Auduc, *École : la fracture sexuée*, Fabert, 2016.
2. Conférence web Art de vivre en famille d'octobre 2015 (www.art-de-vivre-en-famille.fr).

aussi des créateurs d'entreprise. Il y a un vrai engouement autour du rêve de l'étudiant qui monte son entreprise et devient riche à partir d'une idée simple (le modèle Facebook). Des jeunes de 18 à 25 ans partent créer des entreprises au bout du monde. À nous, parents, de leur proposer des modèles dont nous partageons les valeurs.

Souvenez-vous des « 1 001 idées pour l'école », une journée imaginée par des lycéens (voir p. 42). Ils demandaient à des adultes de témoigner de leur parcours. Toute occasion de donner de l'inspiration à vos enfants est bénéfique. Faites-leur, par exemple, découvrir un film ou un livre (auto)biographique (les *biopics* sont à la mode : vous avez le choix !). Ou parlez-leur du parcours de vos parents ou de vos grands-parents. Profitez de toute occasion pour créer du sens et du lien.

« Les enfants sont de grands imitateurs. Alors donnez-leur quelque chose de grand à imiter. » Jim Morrison

Un garçon n'est pas une fille (et réciproquement)

Dans le domaine des comparaisons homme/femme comme dans beaucoup d'autres, les grands repères ont leurs exceptions ou des exemples contraires. Ainsi, à force de promouvoir l'égalité à tout prix, on finit parfois par nier les particularités et créer des inaptitudes ou de la souffrance. Donc osons aussi aborder les différences fille-garçon dans l'apprentissage.

Les neurosciences se sont penchées sur la question. On a aujourd'hui quelques données bien établies[1] :

- les filles sont plus à l'aise avec l'abstraction ;
- les garçons développent plus tôt les centres du mouvement ;

1. Stéphane Clerget, *Nos garçons en danger !*, Flammarion, 2015 ; Dr Leonard Sax, *Pourquoi les garçons perdent pied et les filles se mettent en danger*, JC Lattès, 2014 ; Thomas Grillot, *Un homme à la crèche*, Le Seuil, 2016.

- les filles recherchent l'approbation de l'enseignant quand les garçons recherchent celle de leurs copains ;
- les garçons ont une fragilité de la vue et de l'ouïe encore inexpliquée ;
- les garçons ont davantage besoin de manipuler les objets ;
- et pour tous, les cours sont bien souvent trop abstraits et théoriques.

REPÈRES

Comment votre enfant apprend

À ce stade, retenons déjà que :
– votre enfant a naturellement plaisir à apprendre ;
– le lien de votre enfant avec la nature renforce ses apprentissages et favorise une meilleure santé physique et psychologique ;
– les écrans nuisent gravement à ses apprentissages ;
– votre enfant a une intelligence qui lui est propre, différente de celle du voisin, à l'image de la diversité du monde ;
– ses émotions interfèrent avec sa disponibilité aux apprentissages et affectent leur qualité ;
– développer tous ses sens (vue, ouïe, mouvement) lui permet une meilleure compréhension du monde.

3

ACCOMPAGNER SON ENFANT DANS SA SCOLARITÉ

Croire en son enfant

« La nature crée des différences, la société en fait des inégalités. »

Tahar Ben Jelloun

L'exemple des autodidactes

Aucun parent ne souhaite à ses enfants de ne pas réussir ses études. Mais les études supérieures, et en particulier les filières les plus prestigieuses, sont-elles les seules voies vers la réussite, le succès et le bonheur ?

Osons donc interroger ceux qui ont réussi sans diplôme, parfois même par choix. Philippe Ginestet, le président et fondateur de Gifi, donne ce conseil à un jeune : « Avant tout, je [lui] dirais de faire ce qu'il a envie de faire, d'avoir un objectif professionnel et de se donner les moyens de l'atteindre. »

Ils s'appellent Jean-Claude Bourrelier (Bricorama), Xavier Niel (Free, groupe Iliad), Gérard Mulliez (Auchan), Alain Afflelou (groupe éponyme), Gérard Dorey (enseignes de proximité de Carrefour)... Ils dirigent de grandes entreprises et ont comme plus haut diplôme, dans le meilleur des cas, le baccalauréat. Ils sont tous lauréats des Victoires des autodidactes. Créé en 1989, ce prix récompense des hommes – et bientôt, je l'espère, des femmes – qui ont à leur actif de belles réussites professionnelles sans avoir fait d'études supérieures. Ce prix est bel et bien remis en France, pays où les recruteurs ne s'intéressent bien souvent qu'aux profils hautement diplômés ! Sans même parler des plus grandes réussites, seulement 39,9 % des hommes et 51 % des femmes ont un diplôme supérieur au baccalauréat parmi les entrepreneurs ayant créé une entreprise en 2010[1].

Peter Thiel, l'Américain cofondateur de Paypal et diplômé de la prestigieuse université de Stanford, a lancé un défi provocateur : il a offert

1. Insee.

100 000 dollars à vingt jeunes brillants pour qu'ils quittent l'école et créent leur start-up[1]. En France, ce défi a été repris par plusieurs entrepreneurs, dont Xavier Niel.

Le mouvement de l'entreprenariat précoce à la place des études longues se répand :

> *Je peux vous citer l'exemple d'Hippolyte, 20 ans : après une première année dans une école de commerce en France, il obtient de ses parents qu'ils lui donnent le budget qu'ils avaient prévu pour ses études supérieures pour partir en Indonésie et y ouvrir son entreprise.*

Quoi qu'il en soit, ce n'est pas tant le chemin idéal qui compte le plus pour réussir, c'est l'énergie, la motivation, la conviction qu'on y met, la vision qu'on a, le travail qu'on fournit et une poignée de repères solides. Les études supérieures sont certainement un bon moyen pour avancer vers ses objectifs. Mais de nombreuses personnes ont démontré que ce n'est pas le seul. Et paradoxalement, avec un peu moins de pression de la part des parents, le jeune trouve souvent lui-même les motivations pour se lancer dans des études supérieures. Dans n'importe quel domaine, l'excellence, quand elle est choisie, a encore plus de chances d'être atteinte.

Traiter ses enfants comme des gagnants

Le Britannique Ken Robinson[2], spécialiste de l'éducation et du développement de la créativité et de l'innovation, observe que, dans notre système éducatif actuel, l'enfant voit son parcours comme un échec dès lors qu'il ne répond pas aux attentes académiques. Beaucoup de

1. http://www.des-livres-pour-changer-de-vie.fr/notre-systeme-educatif-est-il-obsolete/#ixzz3w1JuvCBk
2. Auteur, avec Lou Aronica, de *L'Élément. Quand trouver sa voie peut tout changer !*, Play Bac, 2013, et de *Trouver son élément. Comment découvrir ses talents et ses passions pour transformer sa vie !*, Play Bac, 2015.

gens talentueux se sentent incapables, pensent que la réussite n'est pas pour eux. De ce fait, ils n'essayent pas ou échouent et abandonnent à la première difficulté.

Commencez par préserver les premières années d'apprentissage de vos enfants : la maternelle, le primaire et même le début du collège devraient être des moments insouciants, ouverts aux expériences. Cultivez leur motivation. Pour ne pas étouffer leurs envies, laissez leurs ailes se déployer et se fortifier. Retenez-vous le plus longtemps possible de prononcer le terrible : « Bon, cette année, ça devient sérieux ! Il va falloir que tu t'y mettes… » Je n'ai rien à vous proposer à la place si ce n'est observer, accompagner, encourager…

Pourquoi ne pas leur raconter la fabuleuse histoire d'un de ces hommes qui innovent et révolutionnent le monde ? Dans mes interventions, je présente un jeu de rôles exclusif qui s'appelle « Quel héros veux-tu être ? » et qui présente des parcours de réussite différents, inattendus ou atypiques.

Votre rôle de parent est de croire en votre enfant et de croire en son rêve. Commencez par lui dire simplement qu'il mérite ce qu'il y a de mieux dans la vie : la meilleure école, les meilleurs professeurs, la meilleure entreprise, le meilleur job (comme il mérite les meilleurs amis, la meilleure famille !). Dites-lui :

- *D'accord, tu veux être journaliste (architecte, créateur d'entreprise, pâtissier, webmestre, créateur de jeux vidéo…), je te souhaite de réussir et d'être heureux.*
- *Ose ! Si tu as besoin d'aide, on est là.*
- *Pour l'argent que coûte cette année au Canada, ne t'inquiète pas, on trouvera une solution. Concentre-toi sur le moyen d'être reçu à l'examen.*
- *De quoi as-tu besoin pour préparer ces concours, pour entrer dans cette école ?*
- *Etc.*

En écrivant cela, je n'oublie pas que la réalité se rappelle parfois durement à nous, particulièrement côté finances. Vous aurez peut-être, vous aussi, à bousculer vos limites, en commençant par identifier vos croyances et les limites que vous vous êtes imposées progressivement sans même vous en rendre compte. Et si, finalement, c'était lui qui finançait ses études en travaillant ? Et si son projet méritait d'être financé par une fondation ? Dans certains pays où les diplômes ne sont pas un passage obligé, on a l'alternative de poursuivre des études courtes. Soyez créatif, osez penser différemment, ne commencez pas par vous limiter *a priori*, imaginez des solutions nouvelles. Le monde qui attend vos enfants demandera probablement de sortir de plus en plus des sentiers battus. Si vous fonctionnez de cette manière – dans la mesure où ils vous imitent –, vous leur transmettez déjà de très beaux repères.

EXERCICE

Quel regard est-ce que je porte sur mon enfant ?

Il s'agit, dans un premier temps, de mettre des mots sur ce qui est le plus souvent inconscient. Ne vous censurez pas. Ne vous jugez pas. Dans un deuxième temps, vous vous poserez la question de savoir si vous pourriez faire évoluer votre regard pour le bien de votre enfant.
Voici quelques pistes, non exhaustives. Est-il pour moi…
– une copie conforme de ce que j'étais à son âge ?
– un devoir ?
– un objet d'amour ?
– une cause de conflit entre mon compagnon (ou mon ex) et moi ?
– une obligation : je me sens responsable de sa réussite ?
– une contrainte : je n'ai plus de temps pour moi ?
– une source de difficultés ?
– une source de soucis et de peurs pour son avenir ?
– un potentiel à révéler ?
– une question à beaucoup d'inconnues ?

– un être humain autonome ?
– un individu responsable ?
– un partenaire dans la vie ?
– mon meilleur copain ?

Aimez votre enfant et assurez-vous qu'il le sache. Pour cela, il faut le lui dire et le lui montrer, par exemple en lui faisant des câlins à tous les âges, mais pas seulement. Et si vos ados sont sur la défensive, commencez par un bras sur l'épaule ou une tape amicale.

Et n'oubliez pas : encouragez votre enfant; traitez-le comme un gagnant.

L'effet Pygmalion ou la prophétie autoréalisatrice

L'effet Pygmalion[1], qui a été mis en évidence en 1933 par deux psychologues américains, Robert Rosenthal et Lenore Jacobson, se définit comme la capacité qu'a une personne de réussir à la fois parce qu'elle croit en elle ET parce que les personnes autour d'elle y croient aussi. L'expérience est la suivante : Rosenthal et Jacobson se sont rendus dans des écoles défavorisées en prétextant faire une grande étude commanditée par une université prestigieuse. Ils se présentent avec des cartes de visite falsifiées pour être plus crédibles. Officiellement, l'objet de cette étude est l'éclosion tardive du potentiel des élèves. Elle consiste à faire passer un simple test de connaissance aux enfants de ces quartiers. Les résultats ne sont pas censés être communiqués, mais ils s'arrangent pour que ceux-ci tombent entre les mains des enseignants. Et ce ne sont bien sûr pas ceux du test mais des notes distribuées de façon aléatoire : à 20 % des élèves, on attribue des notes plus élevées que la réalité. À la fin de l'année, ils font repasser le même test. Les élèves qui avaient été surnotés obtiennent un meilleur résultat.

1. D'après le titre de la pièce de George Bernard Shaw, elle-même inspirée du personnage mythologique éponyme.

Rosenthal et Jacobson en déduisent que les enseignants qui pensent avoir de bons élèves ont à leur égard un regard et des comportements différents ; du coup, ils les encouragent à exprimer leurs compétences et leurs talents, ce qui a sur ces enfants un impact positif.

D'autres expériences ont été faites dans d'autres circonstances : au début de l'année, on a annoncé à un professeur qu'il avait les meilleurs élèves alors que ses élèves n'avaient rien d'extraordinaire et qu'ils avaient même un niveau plutôt faible. À la fin de l'année, on s'aperçut que ces enfants avaient mieux travaillé et avaient de meilleurs résultats que ceux de la classe d'à côté, au professeur desquels on avait annoncé qu'il avait les élèves les moins bons du collège.

Quel que soit notre rôle (parents, grands-parents, enseignants...), n'oublions jamais la leçon de ces expériences. Attention aux petits mots ou aux petites phrases qui qualifient maladroitement nos enfants : « Il est paresseux », « Il n'écoute rien »... Elles produisent des résultats strictement inverses à ceux de l'effet Pygmalion. L'enfant s'identifie à ces commentaires et comme il essaie toujours de répondre au mieux aux attentes de ses parents, il devient effectivement paresseux, maladroit, peu motivé...

En résumé : nos enfants deviennent ce que nous pensons d'eux. Ne parlez que des points forts et des réussites de vos enfants, surtout en public. Soyez vigilant sur ce que vous pensez d'eux et sur ce que vous dites d'eux.

> *Je pense à la maman de Joachim qui, au cours de repas entre copines, pendant toute l'année de terminale de son fils, soupirait d'un air désespéré : « Mon fils va TENTER de passer son bac cette année ! »*

Tout en respectant les craintes de cette maman, je lui proposerai plutôt d'exprimer ses sentiments : « Ça ne semble pas très facile pour lui mais je le soutiens à fond » ou bien « La relation n'est pas simple entre nous ; j'espère sincèrement qu'il va réussir et trouver sa voie. » De toute façon, sa remarque révèle une difficulté de communication, voire de relation, avec son fils, qu'elle aurait intérêt à faire évoluer, pour le bien de tous.

Se préserver d'une prophétie autoréalisatrice n'implique pas de nier les difficultés. C'est juste la façon d'en parler qui peut tout changer. Les outils de la communication non violente sont tout à fait adaptés pour prendre conscience de vos pensées et mieux communiquer avec votre enfant.

EXERCICE

Quels sont les talents et les qualités de mon enfant ?

Pour vous entraîner à parler de ses qualités plutôt que de ses faiblesses, voici l'arbre des talents.

Vous trouverez ci-après une liste d'adjectifs et de termes pour vous y aider.

Esprit critique	Habile de ses mains
Appliqué	Honnête
Apprend facilement	Inventif
Attentif	Joyeux
Attentionné	Logique
Audacieux	Méticuleux
Autonome	Optimiste
Bienveillant	Organisé
Calme	Persévérant
Capacité d'analyse	Pragmatique
Concentré	Prend des risques
Confiant	Prudent
Créatif	Adaptable
Efficace	Sensible
Entreprenant	Serviable
Fier	Travailleur

REPÈRES

Les enfants mettent en pratique ce qu'ils vivent

– Si un enfant vit au milieu des critiques, il apprend à condamner.
– S'il vit dans l'hostilité, il apprend à combattre.
– S'il vit dans le ridicule, il apprend à être timide.
– S'il vit dans la honte, il apprend à se sentir coupable.
– S'il vit au milieu des encouragements, il apprend à avoir confiance.
– S'il vit au milieu des éloges, il apprend la reconnaissance.
– S'il vit dans l'impartialité, il apprend la justice.

– S'il vit dans la sécurité, il apprend à avoir confiance en lui et en ce qui l'entoure.
– S'il vit dans l'approbation, il apprend à être content de lui.
– S'il vit dans l'acceptation et l'amitié, il apprend que le monde est un bel endroit pour vivre.

Dorothy Law Nolte[1]

Apprendre de ses échecs

« Il est dur d'échouer, mais il est pire de n'avoir jamais tenté de réussir. » Franklin Roosevelt

« Je n'ai jamais échoué. J'ai simplement trouvé 10 000 solutions qui ne fonctionnent pas. » Thomas Edison

L'histoire de l'humanité est faite de réussites comme d'échecs, dans tous les domaines. Pourtant on ne parle que des réussites, reléguant celui qui n'a pas réussi au rang d'incompétent, de perdant. On sait par exemple qu'une idée peut ne pas voir le jour simplement parce qu'elle est trop en avance sur son temps. Cela ne veut pas dire que le porteur de l'idée n'est pas compétent. Il y a aussi une part de hasard : il faut rencontrer la bonne personne au bon moment...

Les enfants ont besoin de sentir qu'ils peuvent agir. Ils ont des capacités. Nous devons les laisser expérimenter l'échec, faire des erreurs, avoir des doutes et les accompagner pour qu'ils les surmontent. Sinon ils seront incapables de faire face aux aléas de la vie, de braver la difficulté ou de rebondir. Ils deviendront des ados puis des adultes mal dans leur peau au moindre échec. Vous n'avez pas appris à

1. Citée par Éric de la Parra Paz dans *La PNL avec les enfants : comment leur créer un avenir magnifique*, Macro Éditions, 2011.

faire du vélo en une seule séance. Vous n'avez pas appris à lire en une semaine, comme vous n'avez jamais perdu huit kilos en quinze jours. Cela vous a demandé des efforts, du courage, de l'endurance, de la persévérance.

Je rappelle souvent à mes enfants le slogan de la Française des jeux : « 100 % des gagnants [du Loto] ont tenté leur chance ». Et c'est vrai ! Il faut essayer plusieurs fois pour marquer et gagner.

> *Un jour, Virginie revint de son atelier de poterie avec une céramique cassée alors que, jusqu'à présent, ses réalisations étaient toujours belles et réussies. Ses enfants, encore petits, ont découvert que, bien qu'adulte, leur maman pouvait « rater », ne pas réussir. Cette expérience a été très bénéfique : ils ont pu échanger et en parler. Percevoir qu'un adulte pouvait échouer a été pour eux très libérant : ils ont pu prendre conscience que l'échec fait partie de la vie pour tout le monde.*

Apprendre à rebondir, à trouver ses propres solutions, c'est donner du sens à l'échec et du plaisir à l'enfant. Votre enfant sera convaincu qu'il peut y arriver s'il est dans un environnement qui l'encourage et qui accepte sans problème qu'il puisse se tromper. S'il sait qu'on ne le juge pas, il saura demander conseil et acceptera mieux l'aide d'un tiers. Faisons attention à nos actes, à nos paroles : nos croyances se traduisent très souvent par des messages décourageants vis-à-vis de nos enfants. Et nos jugements peuvent nous échapper très vite. Par exemple :

- *Je te l'avais dit que ça ne pouvait pas marcher !*
- *Vu la façon dont tu t'y prends, je savais que tu n'y arriverais pas.*
- *Tu n'en fais qu'à ta tête. Tu ne veux pas écouter les conseils.*

Attention à ne pas mettre la barre trop haut ni à en demander trop à vos enfants. Ils peuvent ne pas être encore en mesure de faire car ils n'ont pas acquis l'autonomie nécessaire ou leur âge ne leur permet pas de répondre à vos attentes. Cela se joue parfois à quelques semaines près. Il sera toujours profitable de les observer très attentivement. S'ils n'y arrivent pas, vous devez évaluer si c'est parce qu'ils n'y mettent pas assez d'énergie (et dans ce cas, il faudrait en comprendre les raisons, puisque nous avons vu que ce n'était pas leur disposition naturelle) ou si c'est parce qu'ils n'en ont pas encore les capacités (intellectuelles, physiques, psychologiques, relationnelles…). Les mettre en situation d'échec est le meilleur moyen de les décourager.

Et comme le développement d'une aptitude (de l'intelligence comme nous l'avons dit plus haut) n'est pas linéaire et n'est pas une simple progression du moins vers le plus, je vous invite à redéfinir les objectifs et à poser le même défi à plusieurs reprises en changeant à chaque fois un paramètre (en modifiant le lieu ou la durée, un détail…) ou la façon d'y parvenir… (rappelez-vous les neuf formes d'intelligence, p. 93). Un exemple avec l'alimentation : donnez-leur l'occasion de regoûter aux aliments qu'ils n'ont pas aimés une première fois. En particulier en les leur présentant sous une autre forme ou avec un autre accompagnement.

Être prêt à se confronter à l'échec aidera aussi l'enfant à prendre des risques. Le risque, c'est la vie (ou l'inverse !). Ma conviction est que notre société hyperprotectrice ne prépare pas bien nos enfants à essayer, à expérimenter, à rechercher de nouvelles solutions, à rebondir et à croire en leurs capacités. L'exemple suivant en est une très bonne illustration :

> *Les bactéries nuisibles ne représentent qu'une bactérie sur deux mille. L'usage intensif des gels antibactériens a plutôt tendance à perturber notre système immunitaire. Et il y a plus de bactéries dans un sac à main de femme que sur la cuvette des toilettes, dit-on.*

Attention au perfectionnisme

Tout en restant sur ce thème de l'échec, je souhaite attirer votre attention sur nos exigences de perfection, qui cachent bien souvent une peur de l'échec ou la peur de nous sentir mal jugé. Nous savons que, dans la vie professionnelle, le perfectionnisme peut mener au mal-être profond dans la mesure où le monde du travail demande surtout rapidité, réactivité et adaptabilité plus que qualité.

Le perfectionnisme est à l'opposé de l'objectif Smart (voir p. 120). C'est un objectif impossible à atteindre : il « grignote » l'estime que nous avons de nous. Il ne permet pas d'accéder à la joie qui est en nous et qui est l'essence même de l'enfant. Regardez comme la joie est quelque chose de naturel chez le très jeune enfant et comme toute expérience nouvelle le rend heureux. L'incitation au perfectionnisme que nous avons (peut-être) reçue de nos parents et que nous transmettons à nos enfants peut asphyxier leur bonne volonté. Les enfants ne peuvent qu'être déçus. Ils n'arrivent plus à voir leurs talents et ce qu'ils font de bien. Trop souvent, la moindre imperfection prend toute la place.

Le perfectionnisme n'a rien à voir avec le goût du travail bien fait, le sens de l'effort ou la recherche de l'excellence. Une personne perfectionniste ne sait pas demander de l'aide, ne sait pas déléguer. Elle est dans la peur du jugement, du rejet, de la remise en cause de ses compétences. Elle aura énormément de peine à trouver le bonheur. Elle peut « tenir » très longtemps, mais aussi s'écrouler à la moindre crise qu'elle assimilera encore à un échec et à une remise en question personnelle. Elle a aussi plus de mal à rebondir après l'échec.

Les enfants à qui on transmet la valeur du perfectionnisme ne sont jamais satisfaits d'eux. Ce sont des enfants qui s'autopunissent. Ils se disent que, s'ils ne sont pas parfaits, leurs parents ne les aimeront pas, qu'ils ne sont pas dignes d'être aimés. Le perfectionnisme ouvre la porte à l'anxiété, à la perte de motivation, au découragement, voire à la dépression. Certes, il est important de leur donner le goût de l'effort et du travail bien fait, mais il y a un équilibre à trouver entre valoriser l'effort et pousser au perfectionnisme, qui est une négation de l'échec. Or il n'y a pas de progrès possible sans échec.

Alors n'alourdissons pas le « sac à dos de vie » de nos enfants :

- ils ont le droit de se tromper ;
- ils ont le droit de ne pas savoir ;
- ils ont le droit de changer d'avis.

À nous, parents, de travailler sur nos peurs et nos exigences pour transmettre à nos enfants le bonheur d'apprendre.

Pour ne pas transmettre cette valeur de perfectionnisme, soyez attentif à ne pas attacher trop d'importance aux notes ou au classement de vos enfants. Quand vous recevez un bulletin de notes, je vous invite en premier lieu à ne pas faire de comparaison entre frères et sœurs, ni avec votre propre parcours (« À ton âge, j'étais quand même meilleur en maths », « Aujourd'hui je suis médecin, c'est grâce au fait que j'étais bon maths »). Bien au contraire, faites parler votre enfant sur ce qu'il ressent, sur ses difficultés et amenez-le à trouver avec vous des solutions concrètes pour améliorer son apprentissage.

Le plus important ici n'est pas tant de débattre sur l'utilité des notes mais de savoir ce que nous en faisons[1]. Si elles nous servent à « mesurer » la valeur d'un enfant, ou d'outils de compétition et de sélection, nous allons au-devant de drames. Les notes à elles seules risquent d'enfermer, de stigmatiser, d'exclure. Pour jouer leur rôle de repère en vue de s'améliorer, elles doivent être prétexte au dialogue : c'est là qu'elles prennent tout leur sens. Il ne s'agit pas de trancher ici pour ou contre les notes, mais de les utiliser pour ce qu'elles peuvent nous apporter vraiment.

Au sein d'une institution très traditionnelle, l'université de la Sorbonne à Paris, une petite entité a décidé de se passer des notes : le centre de recherche en informatique. Les initiateurs de la formation ont décidé de valoriser le défi de groupe et la réalisation concrète. Et pour satis-

1. Pour le débat sur les notes, je vous renvoie par exemple à l'expérimentation de Pascal Huguet, du CNRS, menée en partenariat avec l'académie d'Orléans-Tours en 2014-2015.

faire quand même l'institution dont ils font partie, ils ont trouvé une parade : ils attribuent des notes aux élèves au hasard mais ne les leur communiquent pas.

C'est une solution extrême qui n'a probablement pas vocation à être reproduite partout. Mais elle signifie : « Ne vous focalisez pas sur la forme : si vous êtes convaincu que votre idée est bonne, trouvez un moyen de la mettre en œuvre. » Cela a une valeur d'exemple phénoménal sur nos jeunes.

Comment encourager son enfant

Nous avons vu que l'image de lui-même que votre enfant se construit dépend des stimulations qu'il reçoit de son environnement, principalement des parents, de l'école et même des écrans. Imaginez maintenant ce qu'il deviendrait si vous n'alimentiez votre enfant qu'en images positives, en mots d'encouragement. De la même façon, limiter les images violentes et agressives ne peut que renforcer ce processus.

Je rappelle à ce sujet que l'enfant est d'abord influencé par ce que vous êtes et ce que vous faites avant d'être influencé par ce que vous dites (voir p. 148). Donc il est important de réfléchir et éventuellement de travailler sur votre propre estime et sur l'image que vous avez de vous. Si votre image est positive, elle décuplera votre capacité à bien éduquer et à bien aimer. Il est important que nous, parents, soyons cohérents.

Autre attitude fondamentale : aimez votre enfant pour ce qu'il est et pas pour ce qu'il fait ni pour ses résultats. Bien que motivée par une bonne intention, la récompense calculée en fonction du mérite (argent de poche, cadeau…) transmet un message d'amour faussé : elle signifie que l'amour serait conditionné par le résultat…

Ce message dévastateur[1] ne favorise pas le développement de l'enfant, y compris le bonheur d'apprendre et la réussite scolaire. Se savoir aimé et encouragé par ses parents est une immense source d'énergie qui mène l'enfant à la réussite, aux mille et une façons de réussir dans sa vie. Si votre enfant apprend à s'aimer, s'il a une image positive de lui, il trouvera lui-même et plus facilement les solutions pour surmonter les obstacles et réaliser ses rêves.

Cela ne veut pas dire qu'il ne faut pas faire part de son désaccord ou de sa déception. Il n'est pas question de le féliciter si vous désapprouvez ! Il s'agit, si nécessaire, de faire des critiques constructives en commençant toujours par valoriser les aspects positifs, par exprimer votre accord sur tel ou tel point, par lui faire part de votre amour.

Toute désapprobation doit porter sur un point, une erreur précise et non sur sa personne. Tant que vous en restez aux faits et à leurs conséquences, tant que vous êtes factuel, vous avez toutes les chances d'enclencher quelque chose de positif. Cette étape d'analyse des faits l'aidera à comprendre la situation ; elle sera toujours constructive. Il faut simplement dire à l'enfant ce qui, selon vous, est bon et ce qui ne l'est pas, et l'inviter à trouver une solution lui-même, ou l'aider en lui proposant plusieurs solutions (voir p. 111). Exemple :

- *Que s'est-il passé lors de cette dictée ?*
- *Qu'est-ce qui t'a posé problème ?*
- *Qu'est-ce que tu peux faire la prochaine fois ?*
- *Qu'est-ce qu'on peut changer ?*

Demandez à votre enfant s'il a besoin de votre aide ou, pourquoi pas, celle d'un frère ou d'une sœur, d'un camarade de classe… Ne lui imposez pas toujours quelqu'un de plus âgé : il est parfois plus facile de se faire aider par ses pairs. Autres ressources possibles : un cousin

---

1. Voir Jacques Schecroun, *Une autre façon d'aimer*, Éditions de l'Homme, 2015.

pendant les vacances, un ami, l'étude du soir, l'aide aux devoirs dans une association de quartier, l'alternance entre le père et la mère deux soirs par semaine, etc. Déléguer le suivi du travail scolaire permet de ne pas abîmer le lien d'attachement et de préserver une bonne communication et une confiance réciproque.

Vous constaterez que plus vous l'encouragerez, plus il mettra tout son cœur à essayer de bien faire. Montrez-lui qu'on peut « refaire » de façon différente et qu'il ne faut pas abandonner au premier échec. Pour communiquer harmonieusement avec votre enfant en toutes circonstances, je vous invite à lire mon précédent ouvrage, en particulier les chapitres sur la communication non violente[1]. En résumé, pour encourager votre enfant, aimez ce qu'il est, approuvez ou désapprouvez ce qu'il fait, et soyez cohérent et inspirant.

Nous le savons tous, la vie n'est pas faite que de réussites ! Notre rôle de parent est donc d'encourager dans les bons et les mauvais moments. On peut se représenter la vie comme une double roue formant un double cercle vertueux : celle de la réussite (plus facile, qui tourne plus vite) et celle de l'échec (plus grande, plus difficile à entraîner). Ici, l'échec est envisagé de façon positive, dans une perspective d'apprentissage. Je vous propose cette vision pour sortir du schéma courant qui mène à la démotivation. Nous, parents, pouvons et devons faire en sorte que cette double roue soit lancée et alimentée chez notre enfant : en intervenant beaucoup au début, puis de moins en moins ou différemment. Sans oublier que l'enfant apprend progressivement à faire tourner cette double roue par lui-même et que, pour cela, il a notamment besoin d'apprendre à se connaître et à prendre soin de lui.

1. *Élever ses enfants sans élever la voix. Guide pratique de l'éducation bienveillante,* Albin Michel, 2014, p. 103 et suivantes.

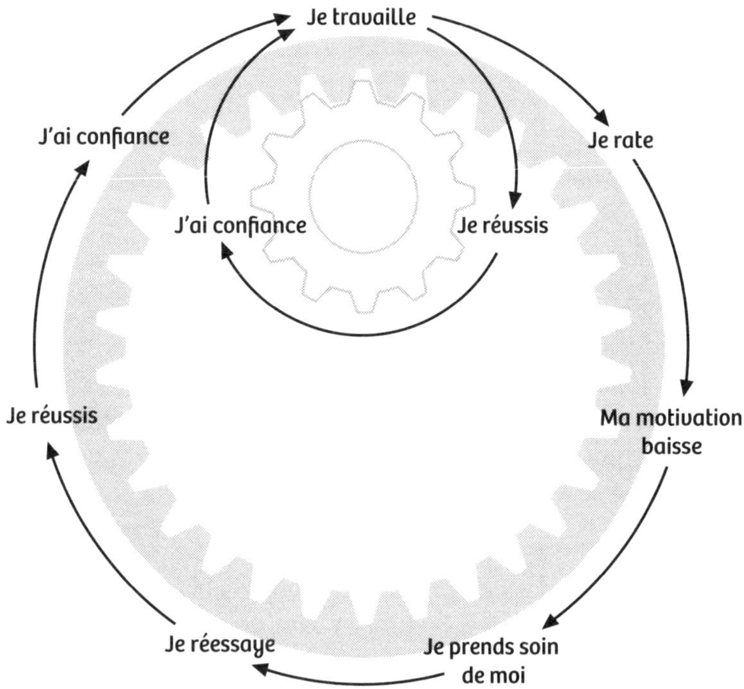

La double roue de la vie, de l'échec et de la réussite

La force du compliment

Le compliment est un des moteurs principaux de la confiance en soi et de la motivation. Avant même de vous proposer des exemples de compliments, je vous donne trois formules à éviter absolument (tout comme leurs déclinaisons) :

- *En travaillant plus, tu aurais eu une meilleure note.*
- *Beau travail, mais je suis sûr que tu peux mieux faire.*
- *Bravo, je suis fier de toi ! Tu vois : quand tu veux, tu peux.*

- Type de formules à employer pour enclencher ou renforcer un cercle vertueux :
  - *Souviens-toi de te féliciter pour ce magnifique travail que tu as fait.*
  - *Je trouve que tu mérites bien un moment de pause !*

- *Beau travail !*
- *Bravo, bon travail. Ça fait plaisir !*
- *Je vois que tu as atteint ton objectif.*
- *Merci.*
- *Tu apprends rapidement.*
- *Je te vois concentré. Super !*
- *Bravo je suis fier de toi.*
- *Quel progrès ce dernier trimestre !*
- *Nous faisons tous des erreurs; c'est normal de ne pas y arriver du premier coup.*
- *Ça me fait plaisir de voir ces notes (ces résultats).*
- *Je sais que tu peux y arriver, que tu en es capable.*
- *Je te trouve créatif.*
- *Comment as-tu réussi cela ? Ça m'intéresse.*
- *Je trouve que ton raisonnement est intéressant.*
- *J'aime t'accompagner dans ton travail.*
- *Bravo, je sais que ça a été difficile !*
- *Bravo pour cette construction !*

- Type de formules à utiliser en cas de simple hésitation de l'enfant, ou de baisse d'énergie, et bien sûr en cas de difficultés :
  - *Comment pourrais-tu faire les choses différemment ?*
  - *Se tromper, c'est normal.*
  - *L'échec fait partie de la vie.*
  - *Crois-tu que Zidane [ou un autre sportif] est devenu champion en un seul match ?*
  - *Tu as le droit de ne pas savoir.*
  - *Je suis sûr que tu vas réussir car je vois que tu travailles régulièrement.*
  - *Je suis convaincu que tu peux le faire.*
  - *De quoi as-tu besoin ?*
  - *Quel est ton objectif, à quoi veux-tu arriver? Nous sommes là pour t'accompagner.*
  - *Tu as le droit de demander de l'aide.*
  - *Tu as autant de valeur que les autres.*

  - *Tu as ta chance. Vas-y !*
  - *Tu mérites le meilleur pour toi.*
  - *Quand tu ne te sens pas bien, qu'est-ce qui te permet de rebondir ?*
  - *Que peux-tu faire pour te sentir à nouveau détendu, à l'aise ?*

- Formules pour analyser les faits, notamment ceux que vous désapprouvez :
  - *Quel est ton avis ?*
  - *Qu'est-ce que tu as fait ?*
  - *Qu'est-ce qui n'a pas marché ? Qu'est-ce que tu pourrais améliorer ?*
  - *Si tu fais de cette manière-là, que penses-tu qu'il arrivera ? pour toi ? pour les autres ?*
  - *Raconte-moi ce que tu voulais faire, quel message tu veux faire passer.*
- Formules pour analyser les faits, notamment pour aider à mieux réussir :
  - *Comment t'y es-tu pris ?*
  - *Quelle est ta météo interne ?*
  - *Qu'est-ce qui ne marche pas ?*
  - *Qu'est-ce qui marche bien ?*
  - *Comment te sens-tu quand tu réussis ?*

- Paroles à prononcer en toutes occasions :
  - *Je t'aime.*
  - *Comment trouves-tu ton dessin, tes rédactions ?*
  - *Qu'est-ce qu'il faut pour améliorer ce dessin, cette rédaction ?*
  - *Comment te sens-tu ?*
  - *J'aime faire les choses avec toi.*
  - *J'apprécie quand tu m'aides à la maison.*
  - *Lisons ensemble !*

Fixer des objectifs à son enfant

Pendant la Seconde Guerre mondiale, Viktor Frankl, un neuropsychiatre autrichien, s'est retrouvé déporté en camp de concentration. Rescapé, il se posa la question du sens de la vie. Il en a conclu que c'était à chacun de donner un sens à sa vie. Il a constaté que les gens qui avaient survécu dans les camps n'étaient pas forcément les plus costauds physiquement mais ceux qui avaient un projet à réaliser après leur libération. Les prisonniers qui ont survécu avaient souvent une vie intérieure plus riche, une grande sensibilité, une spiritualité plus forte. Il les appelle « des personnes vigoureuses ». Frankl a mis en place une thérapie appelée « logothérapie » dont le message principal est l'optimisme : l'être humain possède en lui le pouvoir de transformer une tragédie personnelle en victoire, une souffrance en réalisation.

Trouver du sens à sa vie, c'est très souvent avoir des rêves et des buts. Ces objectifs doivent être mesurables, quantifiables, écologiques (au sens de respectueux de tous les environnements : son propre corps, son psychisme, les autres, la nature…). Ils ne doivent être ni surestimés ni sous-évalués ; ils doivent être atteignables (voir la méthode Smart, p. 120). C'est l'enfant qui, avec votre aide, se fixe un objectif, perspective très différente de l'attente des résultats que nous projetons sur lui. Atteindre son objectif lui procure une grande joie. Même si le but n'est pas atteint, le fait d'en avoir un l'aura déjà aidé à rester motivé et à progresser. Proposer des objectifs à votre enfant lui permet de se sentir écouté et encouragé à devenir l'acteur de sa vie.

Gilles Vernet[1] a choisi d'être instituteur parce que, pour lui, ce travail a plus de sens que son précédent métier. Depuis quelques années, il exerce dans un quartier multiculturel et multiconfessionnel à Paris. Il a imaginé un projet de classe autour de l'opéra. Une année, il s'est fixé un objectif très ambitieux : finir l'année par une représentation à l'Opéra Bastille.

Déjà convaincu des bienfaits de la dynamique du projet de classe, Vernet y redécouvre encore plus cette année-là :

- cohésion du groupe et intégration de chaque élève ;
- motivation ;

1. Damien Hammouchi, « Gilles Vernet : de trader à instituteur », www.cles.com.

- autogestion du groupe par le plaisir ;
- fierté pour chaque élève de partager à la maison le travail accompli ;
- transversalité des savoirs et des compétences ;
- confirmation de l'importance du corps dans les apprentissages.

Et en famille, comment pouvons-nous utiliser ces « vertus » du projet ? Je vous propose une grille de lecture et un exemple :

OUTIL

Les bienfaits du projet

Donnez-vous des objectifs et confrontez-les au réel. Par exemple, vous décidez d'organiser une semaine de randonnée à vélo ou à pied en famille.

Les étapes du projet	Exemple de la randonnée
Regarder de quoi on a besoin.	De la carte au matériel de camping en passant par la qualité des chaussures.
Évaluer ses capacités en fonction de l'objectif visé.	Capacité à marcher toute une journée.
S'entraîner.	Essayer des objectifs intermédiaires : 1 journée de 20 km sans sac à dos, 3 jours de 15 km.
Confronter ses objectifs généraux aux résultats intermédiaires atteints. Réévaluer les objectifs.	Lors d'essais, nous n'avons jamais dépassé 15 km par jour : il faut revoir notre itinéraire.
Apprendre à connaître ses capacités complémentaires et les développer.	Dormir sous la tente, lire une carte, bien s'alimenter sans réfrigérateur.
Apprendre à connaître sa manière de fonctionner, d'être en relation avec les autres.	Vivre avec un groupe en autonomie pendant plusieurs jours, reconnaître et s'appuyer sur les qualités différentes des autres.

Les étapes du projet	**Exemple de la randonnée**
Accepter l'imprévu, s'adapter.	Il pleut. Est-ce que nous devons nous abriter, rebrousser chemin ou accélérer jusqu'à notre objectif intermédiaire ?
Accepter ses limites.	Nous sommes perdus : il faut accepter de revenir sur nos pas.
Se sentir gratifié, satisfait, heureux.	Nous avons marché 8 jours, nous avons dépassé les 18 km par jour et nous avons atteint ensemble notre point d'arrivée, même si c'était par un autre chemin que celui prévu initialement.

Autres exemples :

- *Votre enfant entre en sixième; vous souhaitez réaménager et redécorer sa chambre; c'est l'occasion de le faire participer. Budget, couleur et harmonie, matériel, dimensions et quantités, temps et organisation : il y a bien des aspects qui peuvent donner lieu à des activités ensemble… jusqu'au montage des meubles bien sûr.*
- *Création d'une jardinière sur le balcon.*

Avoir des buts permet à votre enfant de prendre des décisions, de poser des actes concrets. Il prend conscience que travailler dur permet de surmonter une difficulté, un obstacle. Cela donne du sens à ses actes et à sa vie. Faites équipe avec lui, soyez derrière lui, accompagnez-le, montrez-lui combien ces objectifs sont importants pour lui, combien vous remarquez ses efforts et sa ténacité. Encouragez-le en valorisant ses (petits et grands) exploits. Interrogez-le pour mieux connaître ses pensées et les émotions qu'il ressent chaque fois qu'il réussit. Apprenez-lui aussi à être patient vis-à-vis de lui-même.

Sans oublier que le chemin à parcourir vers un objectif peut déjà être largement gratifiant. Explorer des chemins de traverse, ça n'est peut-être pas le moyen le plus rapide d'arriver au but qu'on s'est fixé mais cela donne lieu à de nouvelles découvertes.

À l'ère du GPS, il arrive à Armel et sa famille de débrancher complètement leur appareil, d'aller là où l'inspiration les mène, de « se perdre » volontairement et de s'émerveiller simplement de la beauté d'un vallon sauvage ou d'une meule de foin.

OUTIL

Mettre en place une solution gagnant-gagnant

Exemple : ma fille Clara, en classe de seconde, revient avec une note de 5 sur 20 en mathématiques. J'ai beau savoir depuis plusieurs mois qu'elle se destine à une filière littéraire, je suis mécontent ! En plus, j'aime les maths et les sciences, donc cette note me contrarie. Je suis sur le point de m'énerver contre elle. Je me souviens juste à temps de la méthode Pépar et décide de soutenir ma fille :

P	Pensée	Je n'aime pas cette note. Autant en raison de mes goûts et de mon parcours que par rapport à ma fille.
É	Émotions	Colère, déception, préoccupation, impuissance.
P	Paroles	– Clara, s'il te plaît, peux-tu me dire quelle est l'importance des maths en filière littéraire (nombre d'heures, coefficient…) ? – J'ai mieux compris que ce n'est pas une matière très importante pour tes deux prochaines années. Il n'empêche qu'il est important pour moi que tu comprennes les notions de base.
A	Actes	J'ai trouvé un site internet proposant des vidéos assez ludiques. On les regarde ensemble. Je les commente à ma façon.

R	Résultats	Au moins trois semaines de motivation supplémentaire pour ma fille avec écoute active du cours et deux notes autour de la moyenne.

À vous de jouer !

Pièges à éviter, cercle vertueux à mettre en place

Le paradoxe de la bonne élève

J'accompagne beaucoup de femmes en plein questionnement à la fin de leur congé de maternité et avant la reprise de leur activité professionnelle :

- *Est-ce que je reste à la maison ?*
- *Est-ce le bon moment pour une reconversion professionnelle ?*
- *Suis-je mûre pour me lancer dans une activité d'auto-entrepreneur qui me permettrait de mieux concilier vie professionnelle et vie familiale ?*

J'ai très souvent en face de moi des mères de famille qui me racontent leur parcours scolaire : première de la classe, bac avec mention, études supérieures. Appréciées et reconnues par leurs pairs, par leurs collègues au début de leur carrière… Et pourtant, le poste qu'elles occupent aujourd'hui ne correspond pas à ce que leur diplôme pourrait laisser imaginer. C'est ce que l'on appelle « le paradoxe de la bonne élève ». Leur congé de maternité leur permet d'en prendre conscience.

Si le paradoxe de la bonne élève se rencontre plus souvent chez les filles, il n'épargne pas les garçons ayant réussi des études brillantes. Une fois en entreprise, les jeunes hommes rencontrent des difficultés diverses et ont un sentiment d'échec… Il arrive en effet que ceux que l'on qualifiait de « bon élève » stagnent dans leur parcours professionnel, malgré leurs compétences.

Être un bosseur, consciencieux, travailleur, n'est pas forcément une garantie de réussite dans le monde du travail. D'autres paramètres entrent en jeu comme les croyances, la confiance en soi, la relation à l'argent, au pouvoir, l'intégration au groupe, la communication, la gestion du stress…

Posons-nous la question : quand avons-nous été formés dans les domaines relationnels, émotionnels, stratégiques… ? Rarement à l'école. D'autant plus que, bien souvent, les professeurs ont eu un parcours de « bon élève » qui les a menés là où ils sont (ou, du moins, ils étaient parfaitement adaptés aux codes et aux critères de l'école et ils s'y sont plus). Et inconsciemment, plus ils aiment ce qu'ils font, plus ils transmettent facilement la croyance selon laquelle la réussite professionnelle serait garantie grâce à l'étape « bon élève », croyance que l'on retrouve dans le discours de certaines écoles élitistes. Cette croyance courante dans le monde enseignant existe aussi chez nous, parents. C'est une idée basique mais elle nous rassure. Elle participe largement à la pression que nous mettons sur la quantité de travail, les notes, à l'emploi de tactiques diverses pour inscrire notre enfant dans un établissement réputé… Or on sait, confusément et paradoxalement, que les résultats scolaires et universitaires (notes, diplômes) ne sont pas directement liés au succès dans le monde du travail et dans la vie en général.

Pour vous en convaincre, regardez vos collègues, vos amis : la justesse d'une analyse, le respect d'une consigne ou même la réussite d'un projet ponctuel ne garantissent pas la réussite du parcours professionnel global. C'est plus complexe que cela. Les codes et les critères du monde du travail sont différents de ceux de l'école. Pour commencer à préparer votre enfant à les découvrir, je vous invite autant à faire le point sur vos croyances (voir p. 186) en matière de réussite qu'à lui faire découvrir les différentes formes d'intelligence (voir p. 93). Je vous invite à éviter de le surstimuler, en particulier jusqu'à 13 ou 14 ans, à cultiver chez lui le plaisir d'apprendre. Pensez aussi : combien d'adultes confrontés au surmenage, voire au *burn-out*, ont été de « bons élèves » ?

Les croyances autour de l'école

Charles Sanders Peirce, un philosophe américain du XIXe siècle, a beaucoup travaillé sur la notion de croyance. Les croyances sont des formules « prêtes à penser », transmises par la société, la famille, les scientifiques... qui s'enracinent mentalement en nous jusqu'à devenir vérités. Les croyances individuelles comme les croyances collectives tiennent une place importante dans notre vie de tous les jours puisque ce sont elles qui orientent les décisions, la motivation et les actions.

Les croyances s'enracinent en nous à travers les phrases que nous entendons répéter par nos parents, nos professeurs, la publicité... À force de nous être rabâchées, ces affirmations, prennent une dimension prophétique, ce qui peut les faire se réaliser. De même une expérience qui se renouvelle crée en nous une croyance ou renforce une croyance existante.

- *Les maths, c'est difficile !*
- *Si tu as de mauvaises notes, c'est parce que tu n'es pas intelligent.*

La mise en place des croyances n'est pas rationnelle : elles se transmettent de manière transgénérationnelle, inconsciemment, et implicitement ou explicitement au travers des valeurs familiales ou de la société. On ne peut pas dire que les croyances soient bonnes ou mauvaises en elles-mêmes. On les rumine, elles monopolisent notre jugement et nous empêchent de voir les choses sous un autre angle. Une fois enracinées en nous, ces croyances conditionnent nos choix et nos actions. Elles ont un impact sur nos émotions.

On ne peut pas vivre non plus sans croyances. Certaines croyances véhiculées par la société finissent par devenir obsolètes avec l'évolution des usages ou les découvertes scientifiques[1]. Certaines croyances

1. Voir notamment Christian Flèche et Franck Olivier, *Croyances et thérapies*, Le Souffle d'Or, 2007, ou Thierry Janssen, *La maladie a-t-elle un sens ? Enquête au-delà des croyances*, Fayard Pocket, 2010.

nous font accepter les situations avec fatalité, comme celle de naître intelligent ou pas. Exemples de croyances :

- *« Il faut travailler dur pour réussir »* alors que nous connaissons tous des jeunes qui ne travaillent pas et qui réussissent leur scolarité.
- *« Je n'ai pas une bonne mémoire »* peut être une stratégie d'évitement par manque d'intérêt, de motivation, de peur de se tromper.
- *« Je ne sais pas »* cache souvent la peur de se tromper. C'est une croyance qui nous protège dans la mesure où elle demande moins d'énergie que de prendre le risque d'une réponse erronée.
- *« Dans notre famille, on n'est pas intellectuels. » (Variantes : on n'est pas littéraires, manuels, créatifs, commerciaux...) Et pourtant je connais des intellectuels – des gens qui aiment jongler avec les idées et les concepts, qui aiment se poser des questions, lire, chercher, analyser – qui viennent de familles fort différentes.*

Les croyances peuvent venir de très loin et autoentretenir des comportements qui ne nous sont pas bénéfiques. À titre d'exemple, une expérience avec de jeunes enfants a mis en évidence que, aujourd'hui encore, l'enfant noir pense que l'enfant blanc est plus intelligent que lui[1]. Ce qui lui donne dès le départ un lourd handicap : celui de ne pas croire en lui, de ne pas avoir confiance en lui, de ne pas avoir une bonne estime de lui. Ainsi, l'enfant ne s'autorise pas à passer à l'action ; il pense qu'il ne le mérite pas.

Avez-vous remarqué que les résultats d'un enfant dans une matière peuvent passer de catastrophiques à bons rien qu'en changeant de professeur ? Je reconnais qu'il y a d'autres paramètres qui peuvent jouer dans ce type de changement : la méthode d'enseignement, la disponibilité ou la motivation de l'élève... Je retiendrai cependant un facteur déterminant : la qualité de la relation, le lien d'attachement avec le professeur. Et bien sûr la répétition d'une situation, positive ou négative, ancre encore davantage la croyance.

1. Voir la vidéo sur l'expérience de Kenneth Clark (années 1950) : www.youtube.com/FDFe1e8yno0

Le professeur qui, après une série de mauvaises notes chez un élève, commente une note au-dessus de la moyenne par un « Enfin ! Tu vois que tu peux y arriver ! » sur un ton désespéré, a peu de chances de le motiver. Il a beau avoir changé les mots, sa croyance a été la plus forte. La répétition, même sous une nouvelle forme, risque bien de transférer cette croyance à l'élève, qui va se croire définitivement mauvais dans cette matière. Il aurait été bien plus profitable de dire, sur un ton d'encouragement : « Félicitations pour ce progrès ! J'ai toujours cru que tu y arriverais. » Ce qui est valable pour le professeur l'est bien sûr pour nous, parents, au moment de la remise du bulletin de notes ! Le « Quand tu veux, tu peux ! » est redoutable.

En résumé, prenons conscience de l'influence des croyances sur la qualité des apprentissages :

- les croyances des parents sur l'enfant ;
- les croyances du professeur sur l'enfant ;
- les croyances de l'enfant sur lui-même (bien souvent le résultat des deux précédentes) ;
- les croyances de l'enfant sur le professeur (sa réputation).

Les croyances sont dites « limitantes » quand elles brident la réussite de nos enfants. Et s'il existe des exemples de personnes ayant réussi leur vie d'adulte malgré ces croyances, combien de vocations ont-elles été étouffées par des petites phrases toutes faites ?

Les filles seraient-elles moins bonnes en maths ?

Voici un exemple assez emblématique d'une croyance limitante : plusieurs études ont été faites pour comprendre pourquoi les filles étaient moins bonnes en mathématiques. Y aurait-il des raisons biologiques ? héréditaires ? Mettons définitivement fin à ce type de croyances avec ces deux expériences et ces deux constats parmi beaucoup d'autres qui démontrent le contraire :

- On présente à deux groupes de filles d'âge scolaire une figure géométrique en leur disant qu'elles doivent la retenir pour la reproduire ensuite de mémoire et à main levée. Au premier groupe on précise qu'il s'agit d'un exercice de mathématiques, tandis qu'au deuxième groupe on explique que c'est un exercice de dessin. L'étude montre que les résultats sont meilleurs chez les filles qui se croyaient en cours de dessin que chez celles qui se croyaient en cours de maths...
- Une autre expérience a été menée : un groupe constitué de filles est soumis à une épreuve de mathématiques sans la présence de garçons ; tandis qu'un autre groupe, mixte cette fois, doit faire le même exercice. Les résultats des filles du premier groupe sont supérieurs à ceux des filles du deuxième groupe. Et les résultats de ce premier groupe sont même supérieurs à ceux des garçons du deuxième groupe.
- « La croyance des maîtres dans la supériorité des garçons en mathématiques et celle des filles en littérature est décelée dès l'école primaire, alors même que les différences de performance sont inexistantes. Ces attentes fonctionneraient comme "des prophéties autoréalisatrices", alimentant la moindre confiance des filles et la surévaluation des garçons en mathématiques[1]. »
- « Quand ils se jugent très bons en mathématiques, 8 garçons sur 10 passent en S ; quand elles se jugent très bonnes en mathématiques, 6 filles sur 10 passent en S[2]. »

On voit à travers ces quatre exemples que c'est bien l'idée que les filles se font d'elles-mêmes sur leurs capacités en mathématiques ou l'idée que leurs professeurs se font d'elles qui influence leurs résultats. Cette idée n'est qu'une croyance puisque, dès qu'elles n'ont plus l'occasion de se comparer, elles se révèlent bonnes voire meilleures que les garçons.

1. Catherine Marry, « Les paradoxes de la mixité filles-garçons à l'école : perspectives internationales », rapport pour le PIREF et conférence du 16 octobre 2003 au ministère de l'Éducation nationale.
2. « Filles et garçons sur le chemin de l'égalité, de l'école à l'enseignement supérieur », publié sur le site du ministère de l'Éducation nationale (www.education.gouv.fr), mise à jour de mars 2016.

Créée en 1987, l'association Femmes et mathématiques[1] lutte contre cette croyance et œuvre pour encourager les filles à s'orienter vers des études scientifiques et techniques.

À chacun donc de travailler sur ses croyances sur la réussite à l'école et sur la réussite dans la vie, en particulier celles qui se révèlent limitantes. Autorisez-vous plus de créativité. Vous aiderez autant votre enfant à « lever le nez du guidon » qu'à créer sa propre voie. Utilisez par exemple ces deux outils d'identification des croyances.

EXERCICE

Quelles sont vos croyances ?

→ Sur votre famille ?

–

–

–

→ Sur votre rôle de mère (de père) ?

–

–

–

→ Sur vos enfants ?

–

–

–

1. www.femmes-et-maths.fr

EXERCICE

Identifiez l'origine de vos croyances

Trouvez comment cesser de généraliser.

	Ce que votre père disait…	Ce que votre mère disait…	Ce que l'école disait…	Ce que vous vous dites…	Trouvez un contre-exemple
→ de la vie					
→ de l'école					
→ de vous-même					
→ …					

Jouons avec les maths

Indépendamment du rapport des filles avec les mathématiques, il s'avère qu'un grand nombre d'élèves (et leurs familles) éprouve des difficultés avec cette matière qui, par ailleurs, est bien souvent érigée en matière sélective par excellence. Creusons donc encore un peu ce sujet qui freine souvent les enfants dans leur bonheur à l'école.

On ne rappellera jamais assez que nous avons tous, au départ, les mêmes capacités face aux mathématiques. Pourtant la croyance sur les difficultés qu'elles représentent est telle que cela provoque, plus que dans tout autre domaine, des peurs irraisonnées et bloquantes.

On retrouve les mathématiques dans de nombreux domaines. Ainsi, il y a des mathématiques dans l'art, notamment dans la peinture, telle la fresque intitulée *L'Arithmétique* au palais apostolique du Vatican, ou l'œuvre de Pablo Picasso, fondateur du cubisme, avec ses toiles constituées de formes géométriques déconstruisant la représentation classique des portraits et des natures mortes.

Il y a de nombreuses façons de faire découvrir et aimer les mathématiques. Voici quelques exemples d'activités autour de cette matière.

OUTIL

Jeux traditionnels

- Jeu de la marchande
- Jeu de dame
- Jeu d'échecs
- Jeu de dés
- Jeu de l'oie
- Jeu des petits chevaux
- Jeux de cartes : bataille, bridge, whist, petite suite…

OUTIL

Jeu éducatif

J'apprends à compter avec Nathan
Tout en s'amusant, l'enfant apprend à découvrir les nombres jusqu'à 12 et effectue ses premières opérations.

OUTIL

Ressources en ligne

www.jeuxmaths.fr/

Un site qui rassemble de nombreux jeux en ligne (interactifs, à imprimer…) et même des cours de maths !

abcmathsblog.blogspot.fr
www.micmaths.com

Ces deux blogs, animés par des professeurs de mathématiques, allient mathématiques et divertissement : un excellent moyen de rendre les maths accessibles au plus grand nombre.
abcmathsblog.blogspot.fr

www.smartgames.eu/fr/smartgames/anti-virus

Le jeu Anti-virus développe le raisonnement. Il s'agit de se fixer un but à atteindre, ce qui est le cas en mathématiques, avant de mettre en place une stratégie adaptée.
Un professeur en fait une très bonne analyse sur : http://blog.superprof.fr/comment-lever-les-blocages-en-mathematiques-chez-les-jeunes/

www.declicetdestrucs.fr

Les jeux à commander sur ce site abordent les notions mathématiques par le jeu et la manipulation.

www.jeuxdenim.be/jeu-Set

Le jeu de set développe le sens des associations. C'est également un jeu de rapidité si on joue à plusieurs. On doit donc trouver rapidement des points communs ou des points de différences. L'idée est de comprendre que plusieurs équations sont en fait un même type d'équations. C'est utile de voir rapidement ce qu'il y a de commun dans différentes expressions mathématiques. Ce jeu développe aussi le sens de l'abstraction.

Voir l'analyse de ce jeu sur le site du CNRS : http://images.math.cnrs.fr/Le-jeu-Set.html

OUTIL

Du côté des sciences

www.droledescience.com

Drôle de science propose d'organiser anniversaires et sorties sur le thème des sciences.

les-savanturiers.cri-paris.org

Les Savanturiers-École de la recherche est un programme éducatif développé par le Centre de recherches interdisciplinaires. Il présente une démarche ludique des sciences. S'il s'adresse en priorité aux enseignants, vous pouvez vous en inspirer à la maison ou à l'occasion d'une promenade dans la nature.

www.biodiville.org
www.naturebuissonniere.com

Les sciences à travers l'éducation à la nature.

Le cercle vertueux de la réussite

« La vie d'un homme est celle que créent ses pensées. » Marc Aurèle[1]

Une croyance positive nous pousse à l'action. Elle donne des résultats qui influencent notre état émotionnel, renforcent nos pensées qui, elles-mêmes, consolident nos croyances qui nous amènent à aller encore plus loin.

Pour donner un mental de gagnant à votre enfant, enseignez-lui à réduire le nombre d'affirmations négatives sur lui-même en les remplaçant par des affirmations positives. Nous verrons plus précisément

1. Philosophe antique, cité par Éric de la Parra Paz dans *La PNL avec les enfants : comment leur créer un avenir magnifique*, Macro Éditions, 2011.

dans un prochain chapitre comment stopper les ruminations mentales (p. 204) et cultiver un esprit positif (encadré p. 206). Rappelons déjà les pièges à éviter :

- les messages décourageants (p. 165);
- les attentes irréalistes des parents, le perfectionnisme (p. 166);
- la peur de l'échec, du jugement (p. 86 et 164);
- la peur de ne pas être de bons parents (p. 87).

Ce sont autant de petits cailloux qui alourdissent le sac à dos de vie de votre enfant.

Dès maintenant, voici quelques attitudes à adopter en cas de difficulté de votre enfant (mauvaise note, démotivation, difficulté de compréhension d'une leçon, difficulté d'apprentissage…) pour réenclencher le cercle vertueux de la réussite et de la confiance en lui :

- aidez-le à en comprendre les causes et à trouver les solutions à appliquer pour éviter que la situation ne se reproduise ou ne se dégrade. Réfléchissez à ce que vous pourriez modifier dans votre comportement pour que la situation évolue : comme toujours, il sera nécessaire d'identifier vos pensées (positives/négatives), vos émotions (peur, rejet, lassitude…), vos paroles et vos actions;
- bannissez l'expression « ce n'est pas ma faute »; apprenez à votre enfant à être responsable de ce qu'il fait;
- soyez attentif à ce que votre enfant ne renvoie pas la responsabilité de la situation sur quelqu'un ou quelque chose d'autre.

« Si le seul outil que vous avez est un marteau,
vous verrez tout problème comme un clou ! » Abraham Maslow

Voici les attitudes positives que vous, parents, pouvez cultiver pour apprendre à votre enfant à se responsabiliser :

- autorisez-le à exprimer son opinion et ses attentes sans vous-même les juger ou les critiquer;
- donnez-lui une vision positive de la vie;

- lancez-lui des challenges adaptés à son âge et à ses capacités ;
- fixez-lui des objectifs réalisables ;
- soulignez les petits succès. Valorisez ce qu'il réussit.

Avez-vous remarqué que l'immense majorité des adultes, à commencer bien sûr par les parents, est dans un émerveillement total devant un enfant de 18 mois… mais que face à un jeune de 10 à 12 ans, ces mêmes adultes paraissent avoir totalement perdu leur enthousiasme ? Et si nous cultivions notre capacité d'émerveillement ? Et si nous faisions confiance à nos enfants ? Et si nous leur disions notre admiration, quel que soit leur âge ?

Apprendre comme un champion

Comment devient-on champion ? Comment cultiver un mental de gagnant ? Que faut-il pour courir un marathon de 42 km ? Un physique particulier ? Beaucoup d'entraînement ? Qu'est-ce qui motive une fille en filière sport-études à suivre 22 heures de cours de danse par semaine, en plus du lycée ? Qu'est-ce qui incite un haltérophile à s'entraîner des heures et des mois pour quelques secondes d'exploit ?

Que savons-nous de cette incroyable machine à gagner que sont les sportifs ?

Le sport rend intelligent

Je ne suis pas une grande fan de sport et, jusqu'à une époque récente, pour moi, être sportif ne rimait pas avec intelligence. J'avais gardé – comme beaucoup – l'image du jeune et magnifique footballeur américain de série télévisée, entouré d'une multitude de filles plus belles les unes que les autres : il ne réussit pas dans ses études (ce qui signifie qu'il n'est pas très intelligent, forcément !), il recherche par tous les moyens à obtenir une bourse d'entrée à l'université. Contre toute attente, la seule personne qui l'aide vraiment, c'est « la fille moche, avec ses grosses lunettes et rejetée de tous »... Collection de clichés, soit ! Mais ce type d'images est bien ancré dans notre imaginaire.

Grâce aux études scientifiques qui ont été menées, on sait que le sport permet de rester en meilleure santé et d'augmenter l'espérance de vie. Il renforce les systèmes cardio-vasculaire et respiratoire. Il aide à développer un meilleur système immunitaire. Mais nous avons surtout appris ces dernières années que l'exercice physique améliore les performances du cerveau[1]. Oui ! Fini les clichés de l'athlète sans compétences

1. Christina Felfe *et al.*, « Sports and child development », université de Saint-Gall en Suisse, étude relayée par Voxeu.org, novembre 2011.

intellectuelles. Le sport permet une meilleure oxygénation du corps et de ce fait améliore le système cérébral. Il favorise en particulier la neurogenèse et la synaptogenèse (la création de neurones et de connexions entre les neurones). Ces deux phénomènes structurent le cerveau : toutes les zones s'en trouvent bénéficiaires, en particulier l'hippocampe et le cortex, sièges de l'apprentissage spatial, de la mémoire et des fonctions cognitives les plus complexes telles que la planification et l'anticipation[1].

De la même manière, pratiquer un sport permet la sécrétion des hormones dites du bien-être (endorphine, sérotonine, dopamine). Cela participe non seulement au bien-être immédiat mais aussi, indirectement, à la confiance en soi.

Aujourd'hui les athlètes individuels comme les joueurs en équipe sont coachés par des préparateurs mentaux. C'est d'ailleurs les entraîneurs des équipes de baseball aux États-Unis qui ont inspiré le monde de l'entreprise; cette pratique du coaching s'est depuis démocratisée.

Le judoka français Teddy Riner, multichampion du monde, est accompagné depuis son adolescence. Il confirme que le travail effectué avec son entraîneur le rend mentalement plus disponible lors des matchs.

> *Ce que Marie-Pierre a remarqué en observant sa fille, danseuse en filière sport-études, c'est l'importance de la répétition et de l'entraînement pour parvenir à maîtriser un geste à la perfection.*

Il en est de même pour toute autre activité physique : il est important pour les enfants de créer des automatismes par la répétition, ce qui leur permet ensuite d'anticiper. Cette répétition du geste jusqu'à la perfection se retrouve dans bien d'autres domaines, par exemple les métiers d'art. Ceci peut être transposé à tous les apprentissages. Sans

---

1. Voir notamment : François Maquestiaux, professeur de psychologie cognitive à l'université de Franche-Comté, « Comment devenir un champion », *L'Essentiel Cerveau & Psycho*, n° 21, 2015, p. 5-6.

oublier que le besoin de répétition n'est pas du tout le même d'un enfant à un autre.

Par ailleurs, le sport demande très rapidement de bien connaître son niveau et d'être au clair avec ses objectifs. Si cela semble évident pour les sports comportant des risques, comme l'escalade, c'est en réalité valable pour tous les sports. Se connaître, c'est faire la part des choses entre rêve et réalité, entre force et faiblesse. Pour analyser une situation et élaborer la bonne stratégie, pour être au meilleur de sa forme le jour de la compétition, le sportif développe des capacités cognitives multiples :

- il apprend à gérer ses émotions ;
- il apprend à s'adapter ;
- il apprend à s'organiser ;
- il va à l'essentiel ;
- il essaye plusieurs fois ;
- il accepte le risque et l'échec ;
- il est disponible pour écouter ;
- il a envie d'apprendre, de se perfectionner ;
- il apprend à travailler en équipe (car rares sont les activités qui se pratiquent seul ; même pour un marathon, il y a toujours une équipe de soutien, des organisateurs, une communauté…).

On peut donc ainsi résumer les bienfaits de l'activité physique sur le cerveau, l'apprentissage et le bien-être. Le sport :

- diminue le stress ;
- permet une meilleure coordination ;
- développe la latéralisation (la coordination des hémisphères droit et gauche) ;
- apprend à perdre et à gagner ;
- développe les capacités de stratégie ;
- évite la rumination ;
- encourage l'autodiscipline ;
- donne une meilleure relation au corps et porte à l'acceptation de soi ;

- développe les cinq sens ;
- prévient la maladie ;
- renforce le système immunitaire ;
- favorise une meilleure concentration ;
- promeut l'esprit d'équipe ;
- améliore le sommeil ;
- incite à une bonne hygiène de vie ;
- favorise la relaxation du corps ;
- donne un objectif ;
- pousse à l'organisation et à la planification des tâches ;
- responsabilise ;
- développe l'endurance ;
- donne confiance en soi ;
- procure du plaisir et de la joie.

Le pouvoir de la visualisation

Avant chaque vol, la Patrouille de France[1] s'entraîne d'abord avec une technique de visualisation. Les grands sportifs aussi se préparent mentalement. Ils se projettent, se fixent des objectifs, mais surtout imaginent : ils se voient face à leur adversaire, en train de battre un record, sur un podium, aux prochains jeux olympiques (ou sur une piste de danse, etc.).

Ils visionnent leurs matchs ou leurs entraînements pour les décomposer et les analyser. Ils réfléchissent mentalement à des gestes, des enchaînements, des mouvements simples, des actions complexes ; ils se voient en situation avant même que ce ne soit réel. À la longue, ils pratiquent spontanément ces exercices de visualisation, sans en avoir conscience, car c'est devenu un automatisme.

Mieux encore : aujourd'hui, les sportifs blessés qui sont dans l'incapacité de s'entraîner physiquement sont accompagnés et suivent les

1. Escadrille de voltige aérienne de l'armée de l'air.

mêmes entraînements que leur équipe. Comment ? En visualisant les exercices depuis leur lit d'hôpital ou depuis leur fauteuil. Dans ces cas de figure, on a pu mesurer une augmentation des capacités de récupération de plus de 30 %. Ces exercices de visualisation permettent aussi une convalescence et un temps de récupération plus courts, une diminution de l'anxiété, un accroissement de la confiance et de la motivation.

Quand vous prenez pour la première fois un chemin dans une ville que vous ne connaissez pas, vous hésitez, vous prenez votre temps. Si vous le parcourez dix fois de suite, vous allez plus vite, vous pouvez presque y aller « les yeux fermés ». Le plus étonnant est que le simple fait visualiser le trajet produit le même effet sur le cerveau que de le parcourir réellement. Cela active les mêmes réseaux neuronaux et sécrète les mêmes hormones. Répéter un geste, un exercice en imagination prend moins de temps et moins d'énergie mais c'est aussi efficace.

L'imagerie médicale nous révèle que l'entraînement mental s'accompagne d'une activité musculaire « subliminale » : on mesure des courants électriques dans les muscles.

Walt Disney avait un rêve… qui est devenu un empire. « Imagination ! » est le nom d'un pavillon du parc Epcot de Walt Disney World Resort[1], sans doute le pavillon le plus pédagogique ou même le plus visionnaire du parc. Il regroupe plusieurs attractions, dont la principale, « Journey into imagination ». Celle-ci, avec ses déclinaisons, est considérée par certains comme la meilleure attraction des parcs Disney. Figment (littéralement « création de l'esprit ») en est le personnage principal. Il nous confirme que l'imagination est certainement un des thèmes fondateurs, voire le fil conducteur, de toute la carrière de Walt Disney. Retenons que la puissance de l'imagination peut conduire aux plus belles réussites. Ces

1. Epcot est l'acronyme de Experimental Prototype Community of Tomorrow, nom de ce parc à thème situé en Floride.

fortes personnalités qui savent nous faire rêver ont tout simplement commencé par rêver elles-mêmes avant de passer à l'action.

Il est grand temps de réfléchir à la puissance de nos images intérieures, comme nous y invite le Pr Gerald Hüther[1]. Selon lui, dès notre naissance, le cerveau produit des images mentales, des représentations qui conditionnent notre chemin de vie. Chaque expérience, en lien avec nos émotions, renforce notre monde intérieur qui se reflète dans nos « petites phrases » : vous savez, celles que nous prononçons souvent, à la façon des mantras, et qui peuvent être des ressources ou au contraire des ruminations qui alourdissent notre « sac à dos ». Imaginez la différence des effets produits par ces deux phrases : « Je suis nul ; je n'y arriverai jamais ! » et « J'ai confiance en moi ; je vais y arriver et j'en serai fier ». Elles correspondent tantôt à une vision pessimiste de la vie, tantôt à une vision heureuse. Tout cela se travaille.

La visualisation, les images mentales sont un puissant outil pour induire des changements personnels volontaires. Elles sont appliquées dans de nombreux domaines de façon très efficace, à commencer par celui du sport. Qu'en est-il alors pour nos enfants ? La préparation aux contrôles et aux examens est sans doute le domaine où les techniques de visualisation s'adaptent tout particulièrement. On fait aisément le parallèle avec la préparation d'une épreuve sportive.

Revenons à Marie-Pierre : elle a longtemps utilisé les outils de visualisation avec sa fille Justine, danseuse en filière sport-études. Quand celle-ci était en primaire, ils lui ont surtout servi à travailler sur son manque de confiance en elle lié à sa dyslexie. Elle a gagné beaucoup en sérénité. Une fois au collège, alors qu'elle préparait des auditions de danse, Justine a de nouveau utilisé des techniques de visualisation. Elle a aussi abordé la question de la gestion des émotions (voir p. 131) et de la rumination (p. 204).

1. *L'Influence des images intérieures*, Le Souffle d'Or, 2013.

J'invite tout parent dont l'enfant connaît des difficultés scolaires à participer à des ateliers d'estime de soi et de confiance en soi en pratiquant la visualisation. Cela fait gagner beaucoup de temps, au parent comme à l'enfant, mais aussi de l'argent ! Car le soutien scolaire et/ou le travail de rééducation s'il y a lieu (orthophonie ou autre) devient plus efficace.

Un dernier mot sur le mouvement

Le parcours des élèves en filière sport-études ou art-études semble très significatif des bienfaits du mouvement, du sport et de la visualisation. Pratiquer une activité sportive ou artistique (sport, danse, cirque, mais aussi musique, chant...) tout au long de la scolarité contribue très directement à faire bouger (au sens propre et au sens figuré) les enfants et les jeunes, à solliciter plusieurs zones du cerveau. Dans ces parcours, il est bien difficile d'identifier les origines exactes de ces bienfaits (physiologie du cerveau, motivation, estime de soi, focalisation sur ce qu'on aime et non sur les difficultés...). Car c'est l'ensemble de ces paramètres qui y participe. Et les établissements scolaires observent tous une différence de comportement chez les élèves qui intègrent ces filières, et en premier lieu une meilleure implication et une plus grande motivation.

Le mouvement c'est la vie. Nous sommes faits pour bouger et nous voilà dans la société de l'immobilisme. La puissance des machines alimentées par une énergie bon marché a rendu possible des choses prodigieuses : se déplacer à 100 km/h en tournant une clé de contact et en tenant un volant, voler, déplacer des charges qu'aucun animal ne pourrait transporter... À cela s'ajoute désormais la puissance de l'information : nous avons accès à toutes les données, à toute la communication depuis notre fauteuil. Mais il y a un effet secondaire. Dites-moi combien de temps par jour votre corps est vraiment en mouvement ? Et par la même occasion, combien de temps par jour vous êtes en contact avec le soleil ?

Pour l'enfant, l'activité physique a réduit comme peau de chagrin. C'est encore plus vrai aujourd'hui où la présence des écrans dans la vie quotidienne a explosé. Cela a des conséquences très concrètes sur son apprentissage et son bien-être. Toutes les études le prouvent désormais, que ce soit sur des souris ou sur des enfants. L'équipe du Pr J. Mark Davis, de l'école Arnold de santé publique de l'université de Caroline du Sud[1], a révélé que les tissus cérébraux de souris qui ont couru une heure tous les jours pendant deux mois contiennent beaucoup plus de mitochondries que ceux des souris restées inactives pendant cette période. (Les mitochondries sont de toutes petites entités appelées « centrales énergétiques de la cellule ».)

Le Pr Gottrand, du centre hospitalier régional de Lille, vient de publier l'étude Helena[2] portant sur 300 jeunes Français et autant d'autres Européens de cinq pays différents. Il affirme que « les jeunes qui pratiquent plus de soixante minutes d'activité physique modérée à intense tous les jours sont les plus attentifs ». Il vise notamment la marche quotidienne (ou le vélo) pour aller à l'école, en tout cas bien au-delà d'une heure de sport par semaine. D'après lui, c'est la notion de routine quotidienne qui est cruciale et qui crée une habitude positive et un cercle vertueux.

ASTUCE

Tout simple... pour commencer

Emmenez votre enfant jouer dans un espace vert après l'école avant de lui faire faire ses devoirs.

1. Publiée dans la revue scientifique *The Journal of Applied Physiology*, citée par *Slate*, 30 septembre 2011.
2. Publiée fin 2015 dans *The Journal of Pediatrics* et citée par *La Voix du Nord* le 24 décembre 2015.

Pouvoir des mots, pouvoir de la pensée

Rappelons les principaux facteurs d'échec scolaire pour mieux nous focaliser ensuite sur les facteurs de réussite :

- les croyances et les contradictions véhiculées par les parents ;
- la vision du monde des parents ;
- les peurs, et en particulier la peur de réussir et la peur de l'échec ;
- le perfectionnisme ;
- le stress ;
- les jugements ;
- la mauvaise estime de soi, la mauvaise confiance en soi, l'auto-jugement.

La magie du silence

Dans notre emploi du temps quotidien, tout s'enchaîne : travail, maison, activités extraprofessionnelles, aide aux devoirs des enfants, dîner avec des amis… Difficile pour nous, parents, de souffler et de nous poser. Pour nos enfants, c'est la même chose.

Levés vers 7 heures du matin, ils entendent déjà : « Dépêche-toi, nous allons être en retard à l'école ! » Quand certains entrent dans la classe, ils ont la tête dans les nuages et les yeux encore remplis des images du dessin animé qu'ils viennent de voir en même temps qu'ils prenaient leur petit-déjeuner.

Cathy, maîtresse de primaire, me dit qu'elle sait reconnaître les enfants qui ont regardé la télévision le matin avant de venir à l'école. Son verdict : cela ne leur facilite pas les choses.

À peine l'école terminée, ils sont happés par une multitude d'activités périscolaires : soutien scolaire, orthophoniste, piscine, chant... Nos petites têtes blondes ont des vrais emplois du temps de ministre. Et une fois qu'ils sont rentrés à la maison, les écrans s'allument et ils se couchent bien souvent trop tard (quand ce n'est pas devant la télé pour les plus jeunes ou les réseaux sociaux pour les ados).

Je ne dis pas qu'il faut tout supprimer. On sait aujourd'hui que les activités périscolaires sont utiles et développent les compétences. Elles renforcent les apprentissages, font plaisir et donnent confiance à nos enfants. Mais il est important de ne pas trop surcharger leur emploi du temps. Si un de vos enfants a beaucoup d'activités périscolaires, profitez des vacances pour relâcher. Et laisser une place à l'inattendu, à l'improvisation... Si au contraire votre enfant a peu d'activités dans l'année, inscrivez-le à des ateliers de loisirs ou dans des colonies thématiques.

Parfois, il faut savoir ne pas allumer la télé ou tout autre objet bruyant pour justement écouter les bruits extérieurs – ceux de la maison, de la nature, de notre environnement –, mais aussi pour s'écouter soi-même. Il faut savoir faire silence, être à l'écoute de ses émotions, de son corps ou attentif à ses pensées pour prendre de la distance, ne plus avoir « la tête dans le guidon ». C'est se donner l'occasion d'avoir une vision plus claire et/ou de (re)définir ses objectifs, d'ajuster son action. Et cela demande du temps, et précisément un temps calme, un temps autre.

Le silence crée également l'espace propice à l'échange et à la discussion. Difficile d'avoir un vrai dialogue avec votre enfant s'il y a un bruit de fond, de la musique ou que vous répondez au téléphone ou lisez des SMS en même temps.

Autant que de mots, l'homme a besoin de silence. Apprenez aux enfants à ne pas craindre les silences. À ne pas avoir peur de se retrouver face à soi-même. Savoir être soi sans sollicitations extérieures. Laissez votre enfant s'ennuyer; ne lui proposez pas systématiquement une activité quand il vient vers vous en se plaignant de ne pas savoir quoi faire. C'est une bonne chose de le laisser s'ennuyer. C'est lui laisser la possibilité d'imaginer et de rêver. C'est lui permettre de trouver des solutions par lui-même, de développer sa vie intérieure et de la rendre plus riche. La créativité s'exprime bien souvent plus facilement à partir d'un moment de silence, d'une pause dans un lieu calme.

ASTUCES

Pour favoriser la créativité

– Ne pas tout planifier.
– Limiter les activités extrascolaires : une ou deux par semaine.
– Laisser du temps au jeu libre.
– Faire une pause méditation une fois dans la semaine.
– Faire des siestes (c'est aussi bon pour les adultes !).
– Ne pas systématiquement mettre de la musique dans la voiture.
– S'octroyer de rester quelques jours à la maison pendant les vacances scolaires pour vivre un temps différent : par exemple, visiter les alentours comme si on était un touriste.
– Profiter de la nature.
– Marcher, découvrir et apprivoiser les moments de silence : ils sont riches et ressourçants.

Isabelle a trois enfants et pour la dernière semaine de ses vacances d'été, elle a instauré un petit rituel. Elle loue un gîte Panda[1], c'est-à-dire un gîte labellisé bio mais où il n'y a surtout ni télévision ni connexion internet. Pendant une semaine, elle est seule avec ses trois enfants dans la nature. C'est un temps privilégié qui leur donne le loisir de faire des jeux de société, des balades dans la nature, et d'engager de grandes conversations sur le monde.

1. Un label des Gîtes de France : ecotourisme.gites-de-france.com/notre-demarche-panda.html

> *« Au départ, j'y suis allé comme ça, par hasard. Et j'ai découvert combien cette semaine me permettait d'aborder la rentrée scolaire de façon plus sereine et apaisée. On en profite pour se recaler et bien dormir. Tous les jours nous avançons d'un quart d'heure le moment de nous coucher… et je joue le jeu avec les enfants. Je ne louperais ce temps avec eux à aucun prix aujourd'hui. »*

Il y a plein d'autres façons de profiter de la nature, de goûter le silence et de déconnecter : le camping, la randonnée à pied ou à vélo… On retrouve aussi cette idée dans le mouvement *slow life* : un art de vivre, une contre-culture qui prône l'idée qu'en allant plus doucement, on gagne en profondeur.

La recherche ou l'accueil du silence sont les facettes très abouties d'une démarche plus globale : la recherche et l'accueil de la simplicité. Dans tous les cas, ce sont des opportunités de revenir aux besoins essentiels de votre enfant. Il a surtout besoin de faire avec vous, d'être avec vous. Il a besoin de moments de qualité qui enrichiront le lien d'attachement et d'appartenance. Comparez les bénéfices pour votre enfant entre une après-midi passée dans un centre commercial et une après-midi de jeux à la maison, une balade, un moment au square, une visite à la ludothèque ou à la médiathèque. Des moments simples et de qualité construiront son bonheur et le vôtre.

Affirmations positives contre ruminations

Derrière la peur du silence peut se cacher la peur de découvrir des petites voix négatives au fond de soi. Votre enfant ressasse peut-être des phrases de ce type :

- *Le prof ne m'aime pas.*
- *C'est trop dur !*
- *Ce n'est pas la peine…*
- *J'aurai toujours une mauvaise note.*
- *Je pense à ma mère qui va encore ne pas être contente.*

- *De toute manière, je ne suis pas bonne en maths.*
- *Ça ne sert à rien.*
- *Je ne suis pas capable de…*
- *Avec mon frère, c'est toujours la même chose !*

Ce sont des pensées qu'on peut ruminer sans s'en rendre compte. Elles font parfois trop de bruit, nous envahissent, comme une voix qui nous embrouille. Ces pensées se nourrissent de nos impressions, de nos expériences, de nos croyances, de nos peurs. Très souvent, elles sont là pour nous protéger. Mais il faut le reconnaître, en voulant nous protéger, elles nous placent dans une forme de procrastination : il ne faudrait rien faire pour ne pas être déçu ou blessé. La petite voix nous invite à ne pas passer à l'action : on ne sait jamais ce qui pourrait arriver…

Il suffit de prendre du recul sur une situation pour porter un regard différent et s'apercevoir que la réalité est autre, ou pour comprendre quelle émotion se cache derrière notre peur.

Invitez votre enfant à fermer les yeux et à respirer plusieurs fois profondément, à détendre son corps, ses muscles et à écouter ce que ces petites voix lui disent. Parfois elles sont accompagnées d'images. Incitez-le à les décrire et interrogez-le sur ses peurs, ses besoins, ses expériences. Soyez bienveillant, ne jugez pas, n'interprétez pas. Cela permet de clarifier les pensées, de se libérer et de retrouver une bonne énergie. Il y a plein d'exercices de méditation, de yoga qui permettent d'apprivoiser ces pensées.

Passez maintenant des petites phrases aux affirmations positives. Les affirmations positives sont des formules à prononcer régulièrement le matin avant de se lever, le soir en se couchant, juste avant un moment important ou sur le chemin de l'école. Répéter régulièrement des phrases positives (à l'instar des mantras) renforce mentalement l'image qu'on a de soi. On peut assimiler cette façon d'influencer nos pensées au travail sur un programme informatique. Souvenez-vous qu'on peut entraîner son cerveau à créer des connexions (voir p. 78). Autant tracer des chemins positifs.

Chaque parole positive renforce les pensées positives et permet de modifier son état émotionnel, sa météo intérieure. C'est le principe de la pub (martelée à la radio, à la télévision, sur les panneaux), appliqué à la psychologie positive. Exemples d'affirmations positives :

- *Je suis beau et j'ai confiance en moi.*
- *Je travaille régulièrement et je réussis ce que je fais.*
- *Je me fais confiance.*
- *Je suis intelligent.*
- *Je suis un gagnant.*
- *Je fais les choses bien.*
- *Je suis sûr que je vais y arriver.*
- *J'accueille la joie et le positif.*
- *J'accueille la réussite et le changement.*

Pour aider votre enfant à créer ses propres affirmations positives, voici les questions que vous pouvez lui poser :

- *De quoi es-tu fier ?*
- *Quel a été ton moment préféré aujourd'hui ?*
- *Qui as-tu aidé ?*
- *Qu'est-ce que tu as fait de positif ?*
- *Qu'as-tu trouvé de beau ?*
- *Qu'est-ce que tu as fait de beau ?*
- *Qu'est-ce que tu as créé ?*

EXERCICE

Le bracelet au poignet

Votre enfant choisit un bracelet qu'il décide par exemple de porter au poignet droit.
S'il prend conscience qu'il rumine, il passe son bracelet au poignet gauche et il respire profondément à plusieurs reprises. En même temps, il prononce plusieurs fois une phrase positive, par exemple :

– Je m'aime et je m'accepte.
– J'ai confiance en moi.
– J'accueille la joie et la sérénité.
Si plus tard il prend conscience d'une nouvelle rumination, il change à nouveau le bracelet de poignet, le but étant d'arrêter progressivement de ressasser (et de ne plus toucher à son bracelet).

En tant que parent, vous avez un rôle à jouer. Quand vous entendez votre enfant ressasser une pensée négative, vous pouvez intervenir. Il s'agit d'abord et avant tout de lui faire prendre conscience du mécanisme qui se met en place.

- Pour qu'il ne tombe pas dans la généralisation, demandez-lui combien de fois la situation qu'il vient de vivre s'est produite.
- Pour qu'il ne s'enferme pas dans un état émotionnel négatif, demandez-lui ce qu'il ressent dans son corps, de nommer son émotion, de chercher à comprendre d'où elle vient.
- Pour éviter qu'il n'interprète, demandez-lui de regarder la situation sous un autre angle, par exemple en se mettant à la place d'une tierce personne.

Dans tous les cas, il est encore plus efficace de lui proposer de poser un acte à sa mesure, en lien avec ce qu'il vient de découvrir de façon à ce que la situation ne se reproduise pas ou pour mieux la vivre si elle se présentait à nouveau.

Un exemple très courant : votre enfant a l'impression, au début de l'année, qu'un professeur ou un animateur ne l'aime pas. Demandez-lui ce qui lui donne cette impression, puis dites-lui d'observer et de décrire le comportement du professeur aussi bien vis-à-vis de lui que de ses camarades. « Qu'est-ce qui te fait dire ou penser que ton prof ne t'aime pas ? » « Qu'est-ce que tu as ressenti ? Qu'est-ce que tu as pensé à ce moment-là ? » « Quelle peur cela provoque-t-il chez toi ? » Si finalement il découvre que son impression n'était pas juste et que son année se passe bien, pensez, à la fin de l'année, à lui rappeler ces débuts difficiles.

Il en tirera aussi plus facilement un enseignement pour la fois suivante. Et si vous considérez qu'il y a réellement une différence de traitement, commencez par lui expliquer que cela arrive dans la vie et qu'il n'est pas inutile d'apprendre à trouver l'attitude adéquate pour ne pas en souffrir. Votre enfant apprendra à vivre avec ce sentiment d'injustice ou de rejet, à prendre de la distance et à se protéger, voire à poser des petits actes pour faire évoluer la situation. Vous serez peut-être amené à aller voir le professeur ou le directeur pour en parler. Le simple fait de vous en occuper est déjà une façon indirecte de dire à votre enfant : « J'ai entendu ton émotion, nous avons vérifié ensemble qu'elle est engendrée par telle situation factuelle ; il est maintenant de ma responsabilité d'essayer de faire bouger les choses. » Votre initiative changera déjà son regard sur le monde des adultes et sur votre capacité à le protéger. En fonction du contexte et de son âge, vous serez peut-être aussi amené à lui dire que vous n'avez pas de baguette magique pour changer la situation, les personnes, mais que tant que cette situation sera douloureuse pour lui, vous serez là pour l'écouter et pour agir. Il se sentira encouragé à agir de son côté, y compris dans d'autres circonstances, dans son groupe d'amis par exemple. On a là une des clés pour lutter contre le harcèlement. Et c'est bien sûr une stratégie pour renforcer la confiance en soi et ne pas se positionner en victime.

Votre enfant doit se constituer sa « boîte à outils » pour ne pas subir ce type de situation et ne pas l'intérioriser, notamment sous forme de rumination. Les exercices de méditation, de yoga ou de sophrologie sont des ressources et apportent des solutions très concrètes dans ce domaine. Il ne pourra se constituer cette boîte à outils qu'avec votre accompagnement et votre exemple.

REPÈRES

Le harcèlement scolaire, un phénomène à prendre au sérieux

Les dernières enquêtes estiment qu'à l'issue de leur scolarité, entre 9 et 10 % des enfants auront été touchés par le harcèlement scolaire (soit 3 enfants par classe !)[1]. Il y aurait une dizaine de morts par suicide par an dues au harcèlement. Le phénomène ayant longtemps été tabou, la plupart des éducateurs et des enseignants sont très mal préparés. Un grand nombre d'entre eux range encore ce type de comportements dans la catégorie « c'est normal, il faut bien que jeunesse se passe ».
Si vous pensez que votre enfant est concerné, comme victime ou comme harceleur, il est impératif d'agir, au besoin en trouvant de l'aide auprès du rectorat ou d'associations spécialisées.
Je suis intimement convaincue que tous les outils présentés dans ce livre (comme le temps passé ensemble, l'identification des émotions, la reconnaissance des types d'intelligence…) contribuent très directement à prévenir le harcèlement.

1. Étude de Jean-Pierre Bellon et Bertrand Gardette, association APHEE, mars 2008.

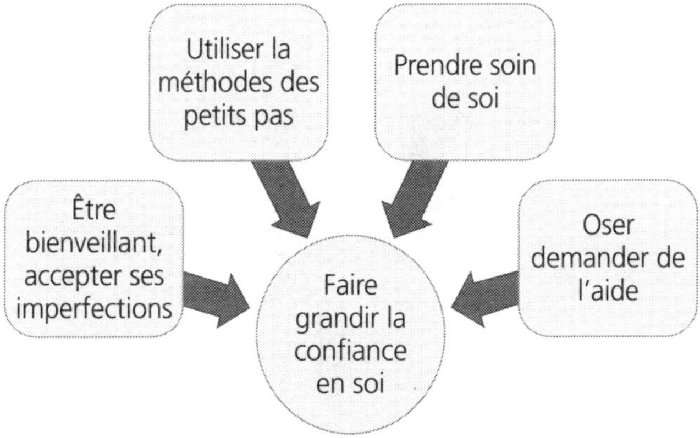

Les quatre piliers de la confiance en soi

EXERCICE

L'arbre aux étoiles

Sur une grande feuille A3, dessinez un arbre avec votre enfant. Faites-lui découper plein d'étoiles blanches (ou d'une couleur qu'il aime) et noires (ou d'une couleur qu'il n'aime pas).

De temps en temps, après la classe, proposez-lui d'inscrire ses bons moments sur des étoiles blanches et les moins bons sur des étoiles noires. Les noires lui éviteront de tomber dans la rumination et les blanches lui donneront un regard plus positif et plus confiant sur sa vie.

Les bienfaits de la lecture

Lire des histoires à son enfant dès le plus jeune âge est un vrai moment de plaisir et de partage. Ce sont des occasions de se rapprocher. 76 % des Français considèrent que les histoires du soir sont importantes pour l'adulte comme pour l'enfant. Pour Edgar Morin (né en 1921), philosophe et auteur de *Enseigner à vivre*[1], la littérature doit tenir un rôle éminent dans l'éducation car elle est une école de vie.

Pour Marie-Rose Maura, psychiatre de l'enfant et de l'adolescent à l'hôpital Cochin à Paris, la lecture à haute voix développe et stimule les zones du cerveau qui interviennent dans la construction du sens. Les enfants devant les écrans sont trop passifs. Leur lire des histoires à haute voix développe leur imaginaire, augmente leur attention. Entendre des mots nouveaux enrichit leur vocabulaire. Les histoires diffusées sur écrans (Internet, télévision...) ont souvent un vocabulaire pauvre et surtout ne sollicitent pas du tout l'attention des enfants de la même façon.

Dans *Psychanalyse des contes de fées*[2], Bruno Bettelheim nous explique que l'histoire du Petit Poucet, par exemple, traduit l'angoisse de l'abandon. Dans le même conte, la présence de l'ogre évoque la peur d'être dévoré. Les contes sont une interprétation de nos fantasmes et de nos peurs. Ce passage par le conte est réparateur voire thérapeutique.

« Les histoires sont les premières pensées symboliques », nous dit le psychologue, biologiste et philosophe Jean Piaget (1896-1980). La lecture de contes permet de façonner l'univers mental qui correspond à la « pensée magique » des enfants, c'est-à-dire un monde sans barrières où un arbre ou un chien peuvent parler ; où l'on peut devenir le héros qui s'échappe « comme par magie » d'un environnement ennuyeux, violent ; un monde où l'on peut tout simplement rêver.

---

1. Coédition Actes Sud et Play Bac, 2014.
2. Robert Laffont, 1976.

Aujourd'hui, on sait que les enfants sont conscients qu'un arbre ou un chien ne parlent pas. Ils font très bien la différence entre le réel et l'imaginaire. Et c'est justement ce monde merveilleux de l'imaginaire qui est pour eux source d'inspiration. Le Pr Gerald Hüther[1] nous explique que tout ce qui a existé et qui existe sur terre est bien le fruit de l'imaginaire. Ce qui a été imaginé est ensuite nommé puis réalisé. Les images et les mots structurent le cerveau. Cela permet de construire une image de soi et une vision du monde. C'est une étape indispensable.

Des histoires aux mots

C'est par les mots que nous pouvons manipuler mentalement les objets, sans avoir à les toucher ni même à les voir. Les mots nous permettent une prise sur le monde que les autres espèces vivantes ne possèdent pas. C'est une chance, cultivons-la !

L'acquisition de vocabulaire permet de mieux se faire comprendre de son interlocuteur. Les mots me permettent de construire mon identité dans un aller-retour permanent entre « ce que je nomme » et « qui je suis ». Les leaders sont bien souvent des orateurs. On pense aux leaders politiques. Le leader sait raconter une histoire, il cultive un certain pouvoir grâce aux mots qu'il maîtrise bien voire mieux que les autres.

À l'inverse, on sait aujourd'hui que le manque de vocabulaire (celui qui n'aura pas été acquis pendant les années de maternelle) aura des répercussions sur l'apprentissage de la lecture puis de l'écriture. Il y a une grande inégalité entre les enfants en fonction de l'environnement linguistique familial. Car c'est bien dès la maternelle que se joue l'accès à la langue. Un enfant qui entre au CP est censé connaître et utiliser 1 000 mots. L'école, dans les classes de primaire, contribue ensuite très largement à l'enrichissement du vocabulaire. De nombreuses pratiques y participent directement en classe : rallye lecture, rédaction

1. *L'Influence des images intérieures, op. cit.*

d'un livre en commun, lecture à haute voix par des bénévoles (parents, etc.)... Mais on comprend bien que la famille peut et doit également contribuer à cet apprentissage. Il ainsi recommandé de continuer à lire des histoires à votre enfant à haute voix, bien après qu'il a appris à lire. Ce sont des temps qui contribuent autant à l'échange et à la complicité qu'à enrichir son vocabulaire et son imaginaire.

La très grande majorité des professeurs constatent une carence de vocabulaire chez les collégiens et lycéens – et même chez les étudiants. Par conséquent, certaines pratiques du primaire commencent à être transposées dans les cycles scolaires suivants.

> *Un professeur de seconde a ainsi institué la lecture à haute voix d'un texte littéraire tous les vendredis lors de la dernière heure de cours. Et cette initiative est très largement appréciée par ses élèves.*

Désormais, on voit des écoles de commerce dispenser des cours de grammaire, d'orthographe et de français. Certaines écoles (particulièrement celles qui enseignent le droit) donnent même des cours de sémantique et de vocabulaire.

Le linguiste Alain Bentolila[1] souligne combien le code commun que constitue la langue est l'unique moyen d'engager un dialogue avec l'autre. D'où l'importance de maîtriser la grammaire et le vocabulaire.

L'absence de mots se transforme en maux

Mettez-vous à la place d'un étranger qui arrive dans un pays dont il ne connaît pas la langue. Il veut juste entrer en contact, obtenir une information, se faire comprendre, faire une demande, même simple... et il ne le peut pas. Manquer de mots pour s'exprimer dans sa propre langue, ne pas pouvoir exprimer avec précision sa pensée, ne pas parvenir à communiquer ses émotions, risque d'être dévastateur et d'entraîner à moyen ou long terme frustration, agressivité, colère

1. *Parle à ceux que tu n'aimes pas,* Odile Jacob, 2010.

et finalement violence. Ces réactions peuvent se retourner contre nous-mêmes (perte de confiance en soi, puis déprime jusqu'à la dépression, parfois l'automutilation), contre les autres (injures, coups...) ou contre la société (sentiment de rejet). Le manque de mots tue, les mots soignent. Ils donnent du sens à la vie, à nos actes[1].

Aller chez le psychologue, n'est-ce pas bien souvent l'occasion d'exprimer et de laisser sortir enfin ce qui était enfermé ? Utiliser l'art comme moyen d'expression, n'est-ce pas, en partie, libérer ces énergies ? N'est-ce pas une façon de pallier le manque de mots ? À côté de l'art, on voit se développer aujourd'hui des techniques d'expression personnelle pour se revaloriser, par exemple des ateliers d'écriture et plus précisément d'autobiographie[2].

Ces techniques sont aussi proposées aux enfants. Cela peut paraître étrange de demander à un enfant d'écrire sa vie (ou même de mêler mots et dessins). Mais cela fonctionne : dès le plus jeune âge, cela permet de libérer les émotions, positives ou négatives, de s'échapper d'un quotidien parfois difficile, même si la difficulté est bien souvent à l'échelle de l'enfant.

- *Offrez à votre enfant un carnet ou journal intime. Encouragez cette démarche d'écriture : elle ne peut que lui être bénéfique à condition que vous respectiez son jardin secret.*
- *Des classes se sont appropriées cet exercice et ont proposé aux élèves de primaire de rédiger une petite autobiographie, à leur niveau, en remontant à leurs grands-parents (leur métier, leur vie...). Les enseignants ont apprécié autant que les élèves.*

1. Voir les ouvrages de Marshall B. Rosenberg et de Jacques Salomé dans la bibliographie, p. 235.
2. Voir par exemple l'ouvrage de Laure d'Astragal, *J'écris ma vie pour mieux me connaître,* Albin Michel, 2014.

« Celui qui ne sait pas d'où il vient ne peut savoir où il va. »
Otto de Habsbourg (1912-2011)

Le premier accès aux mots reste la lecture. Amenez vos enfants à la lecture, à condition que cela reste un plaisir et non une obligation. Ce n'est pas grave s'ils lisent des livres qui ne correspondent pas à vos critères, notamment s'ils passent leur temps à feuilleter des bandes dessinées ou des mangas. D'abord, certains sont excellents. Je vous invite à les découvrir avec eux. Ensuite, ce n'est bien souvent qu'une étape pour découvrir d'autres genres littéraires grâce aux influences croisées de l'école, des amis ou de votre médiathèque… J'en connais même certains que la lecture de mangas a conduits à découvrir la version originale en japonais ou la version anglaise.

ASTUCE

Usez et abusez de votre bibliothèque municipale !

Inscrivez votre enfant à la bibliothèque et allez-y régulièrement avec lui, au moins au début, idéalement le plus longtemps possible, jusqu'à ce qu'il vous dise qu'il préférerait y aller seul… parce qu'il a besoin de se créer son univers (c'est valable pour les livres comme pour le reste).
Appuyez-vous sur les bibliothécaires qui sont bien souvent des professionnels passionnés.

POUR ALLER PLUS LOIN

Jouer avec les mots

– Apprendre grâce aux activités multisensorielles : fabriquer des lettres ou des mots rugueux ; utiliser des livres avec des chiffres ou des lettres à toucher[1].
– Aller écouter des contes.

1. Par exemple, ceux de la collection « Balthazar », aux éditions Hatier, directement issus de la pédagogie Montessori.

– Écrire des mots dans le sable : sur la plage ou à défaut en récupérant un grand carton et en y versant juste ce qu'il faut de sable (ou éventuellement de farine) sur environ 1 cm d'épaisseur.
– Utiliser ou s'inspirer des nombreux ouvrages d'activités qui se servent de lettres, mots et chiffres. Par exemple *Dessine avec des chiffres*, de Bernadette Theulet-Luzié[1].
– Lire avec son enfant de 6 à 12 ans (même s'il sait déjà lire). Lui faire une lecture à haute voix puis chacun à son tour.
– Lui faire reconnaître des mots sur les emballages, sur les panneaux publicitaires ou d'orientation.
– Jeu de la tapette à mots : écrire des mots, chacun sur une étiquette, et les étaler sur la table. Un animateur lit un des mots et invite les autres joueurs à le reconnaître ; le premier qui a tapé sur le mot gagne.
– L'inviter à dessiner quelque chose en rapport avec ce qu'il vient de lire. Ne pas oublier de continuer ou de relancer cette pratique même quand il est adolescent.
– Lui offrir des livres.
– Créer un espace agréable avec des livres qui traînent.
– Manipuler des mots en utilisant des cartons de couleurs différentes selon la nature de ces mots : vert pour les verbes, bleu pour les noms, rouge pour les adjectifs, orange pour les adverbes… Composer ensuite des phrases avec ces cartons les aidera beaucoup à rédiger de manière structurée et plus tard à repérer la construction de la phrase.
– Découvrir le côté pratique de la lecture procure aux enfants la motivation supplémentaire dont ils ont besoin pour poursuivre leur apprentissage. On peut, par exemple, lui faire lire le mode d'emploi d'un jeu.
– Se lancer dans l'invention d'une histoire et la raconter. Mieux encore, demander à son enfant d'imaginer le début d'une histoire en deux phrases… et inventer la suite. Exemples : « Un petit lapin bleu se promenait dans la campagne. Il rencontre un oiseau rouge… », « Éléonore s'envole dans le ciel quand tout à coup… ». Quand il est plus grand, inverser les rôles : à vous de commencer et à l'enfant de poursuivre. J'appelle ce jeu « une histoire de bouche ».

1. Casterman, 2000. Cet auteur et journaliste a beaucoup écrit pour faciliter la vie des parents en matière d'activités manuelles et créatives pour les enfants.

– Faire des jeux de mime, en partant de la lecture d'une phrase, d'un mot. Un exemple très abouti et qui s'inspire du mime, c'est le jeu Top secret, des éditions Minimots. D'après l'éditeur, « chaque phrase a été pensée pour inciter l'enfant à accomplir une action ».
– Lui parler des livres qu'on a aimés. Les *Caroline*, les *Club des Cinq* ou les *Martine*. Les sortir du grenier ou acheter les nouveaux volumes, actualisés.
– Sélectionner des livres qui l'intéressent ou en lien avec les difficultés et les tracas du moment : une hospitalisation à venir, une rentrée au collège, un déménagement.
– Inviter l'aîné qui sait lire à faire la lecture au petit dernier.
– S'amuser à concevoir un livre à la maison, un carnet de voyage. Il existe des sites internet qui permettent justement de créer des histoires sur un ordinateur.
– Se rendre dans un salon du livre de jeunesse. En région parisienne, celui de Montreuil se déroule généralement début décembre – il y en a d'autres.
– Aller dans des salons spécial BD ; rien de tel pour être contaminé !
– Le faire lire dans des endroits divers : au parc, dans sa chambre… Certains aiment même lire dans les arbres !
– Lire ses livres pour pouvoir en discuter avec lui, surtout au collège.
– Parler des livres qu'on a aimés à son âge, en particulier à l'adolescence.
– Croiser le livre avec un autre support : aller voir le film tiré du roman, visiter un lieu en rapport avec l'histoire, les personnages…
– Lire en mettant le ton, en créant du rythme. S'inspirer du théâtre pour rendre la lecture la plus vivante possible.
– Initier à la poésie. Ça peut commencer par écouter du rap ou du slam (avec les précautions d'usage par rapport à certains textes).
– Écouter des livres audio. Ça peut être une étape.
– Donner à lire le texte des chansons que votre enfant aime (ça marche aussi très bien pour l'apprentissage des langues étrangères !)

EN SYNTHÈSE

Les bienfaits de la lecture

« Apprendre à vivre, c'est d'abord apprendre la compréhension humaine. Comment comprendre les autres êtres humains à la fois si semblables et si différents de soi. »

Edgar Morin[1]

– Apprendre à lire, c'est apprendre à apprendre.
– Lire renforce la mémoire et la concentration.
– Lire et comprendre ce qui a été écrit, c'est apprendre à rédiger.
– Lire, écrire, utiliser toujours plus de vocabulaire, cela permet de comprendre et d'analyser.
– Lire la vie d'un personnage, c'est mieux comprendre ce qui se passe en soi.
– Les mots sont indispensables pour identifier ses émotions et apprendre à se connaître.
– Lire et comprendre ce qu'on lit développe des compétences pour affronter les difficultés.
– Maîtriser le vocabulaire, c'est être capable de faire une demande et d'exprimer des besoins.
– Lire, c'est se divertir : la lecture est un moment de relaxation et de détente.
– Lire, c'est la première liberté de l'homme.

1. Cité dans *L'Éducation psycho-sociale à l'école : enjeux et pratiques*, collectif École, changer de cap, éditions Chronique sociale, 2014 (www.ecolechangerdecap.net).

INVITATION

Les droits des lecteurs, selon Daniel Pennac[1]

– Le droit de lire.
– Le droit de ne pas lire.

1. *Comme un roman*, Folio, 1995.

- Le droit de sauter des pages.
- Le droit de ne pas finir un livre.
- Le droit de relire.
- Le droit de lire n'importe quoi.
- Le droit au bovarysme (maladie textuellement transmissible).
- Le droit de lire n'importe où.
- Le droit de grappiller.
- Le droit de lire à haute voix.
- Le droit de nous taire.

La résilience

La résilience est la capacité d'un individu (ou d'un groupe) à surmonter un traumatisme, une très grande difficulté.

- *Le chanteur Abd Al Malik témoigne que les livres l'ont sauvé de la délinquance. Errant entre son domicile et sa cité, tenté par la petite délinquance, il est parti à la recherche de son père qui avait quitté le foyer. Cet homme avait laissé derrière lui une étagère de livres qu'Abd Al Malik a engloutis. De fil en aiguille, il a commencé à écrire des textes, puis des chansons pour devenir chanteur.*
- *Fabrice Lucchini fut d'abord apprenti coiffeur. Un aléa de la vie l'a tenu à l'écart des textes et de la littérature alors qu'il avait faim de mots. Il en a fait son moteur. Il est aujourd'hui un comédien qui remplit les salles, y compris pour une « simple » lecture sur scène de grands textes de la littérature. Il est un des défenseurs du latin à l'école ou de l'accès pour tous aux œuvres littéraires.*

Ces deux personnes appréciées du grand public n'ont pas eu la meilleure des scolarités. Pourtant la lecture a transformé leur vie. Aujourd'hui, ils sont chacun à leur manière ambassadeur des mots, de la littérature et ils nous les font aimer.

Atelier de philosophie à la maison

Stefan Vanistendael, philosophe canadien, nous présente la philosophie comme un outil de connaissance et de construction de soi. C'est aussi un instrument de résilience. Des enfants victimes de violences familiales ou stressés par un avenir incertain, des difficultés scolaires, peuvent trouver dans la philosophie une source de paix et d'inspiration.

La philosophie apporte beaucoup à l'individu et à la société dans le sens où elle permet la reformulation et la prise de distance. Elle devrait être plus présente à l'école, dès le primaire. Alors pourquoi ne pas mettre en place des petits ateliers de philosophie pour enfants pendant les vacances[1] ? Il ne faut pas hésiter à pousser les portes d'une bibliothèque qui proposerait une animation sur le thème de la philosophie. Certaines de ces animations sont accessibles à tous. Des associations se sont créées dans cet objectif.

L'Unesco est très investie dans la promotion de la philosophie auprès des enfants en Amérique du Nord ainsi qu'en Europe. Elle a même créé une chaire de philosophie et développe de nombreuses approches différentes pour les jeunes.

> *« En vue de la promotion d'une culture de la paix, de la lutte contre la violence, d'une éducation visant l'éradication de la pauvreté et le développement durable, le fait que les enfants acquièrent très jeunes l'esprit critique, l'autonomie à la réflexion et le jugement par eux-mêmes, les assure contre la manipulation de tous ordres et les prépare à prendre en main leur propre destin. Incontestablement, l'enfant d'aujourd'hui est l'adulte de demain. C'est donc à juste titre qu'il faut dire avec Matthew Lipman[2] que l'impact de la philosophie sur les enfants pourrait ne pas être immédiatement apprécié. Mais l'impact sur les adultes de demain pourrait être tellement considérable qu'il nous amènerait à nous étonner d'avoir refusé la philosophie aux enfants jusqu'à ce jour[3]. »*

1. En s'inspirant des ouvrages de la collection « Les P'tits Philosophes », chez Bayard Jeunesse.
2. Philosophe et pédagogue américain (1922-2010).
3. Yersu Kim, directeur de la division philosophie et éthique de l'Unesco, introduction du colloque « La philosophie pour les enfants », Unesco, mars 1998.

EN SYNTHÈSE

Ce que permet la philosophie à nos enfants (et à nous !)

- Prévenir, éviter la violence
- Vivre libre et responsable en démocratie
- Trouver des réponses à la quête de sens
- Renforcer l'estime de soi
- Penser et raisonner par soi-même
- Accueillir le point de vue de l'autre
- Favoriser l'expression orale
- Argumenter
- Comprendre l'importance du questionnement
- Se motiver pour chercher
- Avoir une pensée créative
- Avoir une pensée critique
- Penser avec les autres et trouver des solutions
- Accepter l'autocritique
- Profiter de l'apport des histoires
- Clarifier ses doutes
- Faire le lien entre ses paroles et sa réflexion
- Prendre la parole en public
- Reconnaître les contradictions
- Formuler des problèmes, des hypothèses
- Mettre en place la collaboration
- Écouter
- Respecter l'autre
- Respecter des points de vue différents
- Accepter le compromis et l'envisager
- Résoudre les conflits
- Penser avant d'agir

Laissez rêver votre enfant

« Ils ne savaient pas que c'était impossible, alors ils l'ont fait. »
Mark Twain

Quand on demande à un enfant ce qu'il veut faire plus tard, celui-ci répond le plus souvent : vétérinaire, pompier, médecin, pilote de ligne...

Le réflexe de beaucoup d'entre nous est de réagir en mettant en avant les difficultés possibles. Nous allons par exemple souligner que notre enfant n'est pas bon en maths, et que pour être pilote, il faut être bon dans cette matière. On en arrive à des remarques du type :

- *Avec les résultats que tu as en maths, ce n'est même pas la peine d'y penser !*
- *Pour ton projet de..., il faut être bon en orthographe.*
- *Ce n'est pas en travaillant comme ça que tu vas devenir...*
- *C'est un métier dans lequel on ne gagne pas sa vie.*

Au contraire, si vous vous appuyez sur ce qui intéresse votre enfant ou sur ce qui le motive, vous pouvez lui donner confiance en lui et indirectement lui donner le goût des sciences, des mathématiques, de la littérature, de l'orthographe... Peut-être ne pourra-t-il pas aller au bout de son rêve. Aussi est-il nécessaire de lui parler, de le prévenir et d'être attentif en permanence pour qu'il ne se décourage pas devant les difficultés. Mais c'est une chose que d'affirmer « Ce n'est pas fait pour toi » et une autre de dire « Bravo pour ton rêve. Je suis à tes côtés ». À vous ensuite de l'accompagner dans les bons et les mauvais moments. Plus tard, quand le rêve se transformera en projet, il sera toujours temps de répondre à ses questions et de lui parler aussi des risques et des difficultés, de faire progressivement le lien entre rêve et réalité : « Qu'est-ce que tu as appris ? Quelles sont les qualités ou compétences que tu as développées et que tu pourrais transposer sur un autre projet ? »

Jean-Pierre voulait être instituteur et a entrepris des démarches dans ce sens. Il s'est aperçu qu'il n'avait pas le niveau. Il a donc fait un travail pour reconnaître ses savoir-faire, ses compétences et les a ajustés pour s'orienter vers un métier proche, celui d'éducateur spécialisé.

Après avoir mobilisé toute son énergie pour construire son projet à force d'effort, de connaissance de soi, de ténacité, si une difficulté extérieure vient briser son rêve, il ne restera plus à votre enfant qu'une capacité à acquérir : celle de transposer toutes ses compétences dans un nouveau domaine. Je suis convaincue que l'expérience vaut toujours la peine.

- *Julien, 14 ans, m'expose son rêve de devenir architecte. Sa mère vient systématiquement lui couper la parole. Elle considère que ce n'est pas un sujet intéressant, que c'est un métier trop difficile et qui paye mal. En réalité, elle transmet ses croyances et son inquiétude… et empêche son fils de rêver.*
- *De la même façon, mon boucher invite son fils à faire un autre métier que le sien. Alors qu'on sait que la Fédération de la boucherie cherche désespérément des jeunes qui veulent bien s'investir dans cette filière.*

Réagir comme cela, c'est alourdir le « sac à dos » de votre enfant. Ces deux réactions ne sont-elles pas injustes et partiales ? Ne vont-elles pas surtout diminuer l'élan vital et l'énergie de l'enfant pour rien ?

Lorsque Justine, à 9 ans, a commencé à parler de son envie d'être prof de danse, la réaction de son professeur a été plutôt négative. Marie-Pierre, sa maman, a également eu une réaction négative fondée sur un a priori envers ce métier. Mais elle a ensuite pris du recul et s'est interrogée sur son attitude, ses émotions, ses croyances. C'est alors qu'elle a entrepris de se renseigner sur le rôle du sport dans les études et en a découvert les bienfaits.
Il lui a fallu ensuite faire comprendre au prof de danse de sa fille que, même s'il pensait que ce n'était pas une bonne idée, elle lui demandait de ne pas intervenir négativement. Ensuite, elle a même encouragé sa

fille dans cette voie sans hésitation et sans arrière-pensée. Elle s'est dit que son enfant avait du temps devant elle pour changer d'idée. Ce qui comptait, c'est que Justine, après avoir rencontré des difficultés scolaires en primaire, puisse trouver un objectif par elle-même et qu'elle soit heureuse dans les années à venir. Résultat : son année de collège a été une vraie réussite; elle a terminé dans les cinq premières de sa classe. Ses aptitudes se sont renforcées et lui ont permis de développer d'autres compétences : autonomie, confiance en elle...

De nombreuses croyances s'immiscent dans les questions de réussite, d'argent. Ces croyances influencent le parcours scolaire de nos enfants et donnent lieu à de bonnes et à de mauvaises surprises. Le boucher, le pâtissier ou le plombier de votre quartier gagnent peut-être plus qu'un salarié avec un bac + 3 ou un ingénieur qui a quinze ans d'expérience. Tenez-vous au courant de la réalité du monde d'aujourd'hui pour ne pas vous laisser limiter par vos croyances, vos idées reçues. Dans tous les métiers, on trouve des stars qui gagnent des ponts d'or tandis que la plupart des gens gagnent moins bien leur vie. Bien entendu, les traders gagnent en moyenne plus que les employés municipaux. Mais en raisonnant ainsi, ne seriez-vous pas tenté de perdre de vue le principal objectif : le bonheur de votre enfant aujourd'hui et son bonheur à venir ? Relisez la citation de John Lennon qui ouvre ce livre (p. 21). Regardez sur Internet la vidéo de la conférence TED de Logan Laplante[1] : ce jeune Américain de 13 ans explique comment il s'est éduqué lui-même en dehors du système scolaire, en se focalisant sur la recherche du bonheur. Le premier résultat qu'on peut constater est qu'il est capable de parler pendant un quart d'heure seul, sur une scène, sans aucune note, devant un public nombreux, face à une caméra; il parle de lui, de ce qu'il aime et de ce qui l'anime. Aimeriez-vous que votre enfant soit en mesure de faire la même chose ?

Le choix d'un métier ou d'une filière ne détermine pas notre parcours pour toujours. Tout est possible ! Rien n'est définitivement joué en

1. https://www.youtube.com/watch?v=-FliEaln7CA&sns=fb

primaire. Ni même avec un bac. Surtout quand il est question de bonheur véritable et non pas de réussite apparente.

Les enfants naissent avec leurs propres caractéristiques et un potentiel merveilleux. Entre autres, ils ne connaissent pas la peur : toutes celles qu'ils développent sont transmises, le plus souvent inconsciemment, par leurs parents. Il faut traiter votre enfant comme un gagnant (voir p. 157), c'est-à-dire reconnaître ses compétences et valoriser ses efforts, l'encourager et nourrir sa confiance en lui. Le respecter en tant qu'être humain en lui donnant le goût et l'envie de continuer à apprendre. Au lieu de lui briser son énergie et de lui couper son élan au prétexte de vouloir son bien, de chercher à le protéger. Oui, le succès ou l'échec de votre enfant dépendent en grande partie de vous. À la naissance, votre enfant n'a pas d'image de lui-même, même positive : c'est une page blanche ou presque.

Dans mon cabinet, je constate très souvent que les problèmes de scolarité et le manque de confiance en soi d'un enfant sont en partie liés à un déficit de confiance des parents en eux-mêmes. Cela peut être corrélé à leur fatigue physique – bien compréhensible au vu du rythme frénétique de la vie moderne – ou à d'autres causes. À chacun de les identifier. Tout travail sur vous-même est donc un investissement dans le bonheur de votre enfant. Il y a de grandes chances pour que tout le bonheur auquel vous travaillez aujourd'hui contribue à son bonheur de demain et donc à sa réussite. Travaillez à ne pas lui transmettre vos peurs ; acceptez qu'il fasse ses propres erreurs ; laissez-le rêver ; c'est certainement un des chemins de l'amour inconditionnel.

Le bonheur

« On va dire que je suis un imbécile parce que je suis plus heureux dans mon ermitage sans chauffage que dans un appartement luxueux de la capitale. » Matthieu Ricard

Depuis le départ, j'ai voulu appeler ce deuxième livre *Heureux à l'école*. Et j'ai résisté jusqu'ici à l'envie de définir le bonheur ! Je vous propose, pour terminer, quelques pistes pour en dessiner seulement les contours.

La Complainte du progrès, de Boris Vian (1956)

Autrefois pour faire sa cour
On parlait d'amour
Pour mieux prouver son ardeur
On offrait son cœur

Maintenant c'est plus pareil
Ça change, ça change
Pour séduire le cher ange
On lui glisse à l'oreille :
– Ah, Gudule !

Viens m'embrasser
Et je te donnerai
Un frigidaire
Un joli scooter
Un atomixer
Et du Dunlopillo
[...]

Foule sentimentale, d'Alain Souchon (1993)

Oh là là la vie en rose
Le rose qu'on nous propose
D'avoir les quantités d'choses
Qui donnent envie d'autre chose
Aïe, on nous fait croire
Que le bonheur c'est d'avoir
De l'avoir plein nos armoires
Dérisions de nous dérisoires car

Foule sentimentale
On a soif d'idéal
Attirée par les étoiles, les voiles
Que des choses pas commerciales
Foule sentimentale
Y faut voir comme on nous parle
Comme on nous parle
[…]

J'aurais pu rédiger un chapitre sur le bonheur à partir de ce qu'en disent les philosophes – Montaigne, Spinoza, Frédéric Lenoir –, ou encore sur le bonheur d'apprendre en partant des points de vue de la psychologie positive ou des neurosciences. Mais je ne l'ai pas fait car je suis sûre, par mon expérience, que ce n'est pas l'école qui m'a appris le bonheur, ni même la confiance en moi.

Il y a quelques années, je me suis rendue dans les bidonvilles de Bangkok et du Caire pour chercher la réponse à cette question : est-on plus heureux dans les pays en voie de développement ou dans les pays riches, comme la France ? Qu'est-ce que le bonheur ? Eh bien, ma conviction, après vingt-cinq ans de recherches, de lectures, de rencontres, de joies et d'échecs, c'est que le bonheur, être heureux, cela s'apprend. Il y a ceux qui naissent avec un tempérament plus ou moins heureux. Certains le perdent avec les épreuves de la vie. D'autres le retrouvent et/ou le cultivent avec opiniâtreté. Mais le bonheur, c'est avant tout un chemin qu'on prend, un pont qu'on construit. Nous ne sommes pas obligés d'attendre d'être au paradis pour y goûter et pour le partager. Personnellement, je suis née pessimiste. Je suis devenue une optimiste modérée. J'ai encore du chemin à faire… Quel bonheur !

Quant au bonheur à l'école, il est possible, bien sûr ! Il se construit autant à la maison qu'à l'école par une confiance réciproque parent-enfant nourrie d'un dialogue permanent et positif, de coopération, par une connaissance des différentes formes d'intelligence, en laissant plus de place à la différence et à l'erreur qu'à la compétition, par l'équilibre des activités pour satisfaire tous les besoins des enfants et entretenir leur motivation à apprendre.

Et vous, tout au long des différents chapitres de ce livre, quelles clés avez-vous retenues pour construire votre propre bonheur et celui de vos enfants ? Qu'allez-vous mettre en place pour les faire grandir ? Pour préserver leur joie naturelle, leur aptitude innée au bonheur, pour qu'ils soient heureux d'apprendre, heureux à l'école ?

Les exercices suivants peuvent vous aider à faire votre propre bilan. N'hésitez pas à prendre votre crayon maintenant.

EXERCICE

Pour vous, qu'est-ce que le bonheur de votre enfant ?

EXERCICE

Je trouve 5 idées pour renforcer le bonheur d'apprendre de mon enfant

1-

2-

3-

4-

5-

Je choisis une solution et la mets en pratique.

EXERCICE

Qu'est-ce que je change dans ma vie quotidienne pour le bonheur de mon enfant ?

Une habitude, une croyance, moins de…, plus de…

Je crée	J'ajoute
Je diminue	Je supprime

NUAGE DE MOTS

Le terreau du bonheur à l'école

Des concepts clés à ne pas oublier :

Conclusion

« L'homme a besoin de passion pour exister. » Éric Tabarly[1]

Le 11 janvier 2016, la pédiatre Catherine Gueguen, lors de la présentation du film *L'Odyssée de l'empathie*[2], faisait part de ses discussions ouvertes et bienveillantes avec des inspecteurs de l'Éducation nationale sur l'introduction de la psychologie positive à l'école. Il y a de l'espoir, même si le chantier est immense. Chacun peut y contribuer là où il est, en commençant bien sûr avec son ou ses propres enfants.

Je n'oublie pas l'objectif que je m'étais donné au début de cet ouvrage : vous donner des clés pour que vous puissiez accompagner votre enfant sur ce chemin. Le bonheur ça s'apprend, j'en suis de plus en plus convaincue. Ça se construit tous les jours en posant des actes simples, ça se nourrit du beau, du silence, du temps passé dans la nature, des moments partagés, des mots et des pensées positives prononcés. Ça se cultive dans les livres, en faisant preuve de créativité…

« Quel est le but de l'école si elle ne nous permet pas d'explorer, d'exprimer notre créativité et d'élargir notre esprit et notre cœur ? » Zoé Barbé, élève de terminale, dans une lettre au Centre de recherches interdisciplinaires (CRI)[3]

Il serait malhonnête d'affirmer que savoir lire, écrire et compter vient sans effort, simplement parce qu'on cultive le bonheur à l'école. En revanche, tout faire pour que votre enfant soit heureux à l'école contribue très concrètement à faciliter ses apprentissages fondamentaux.

1. *Mémoires du large*, Éditions de Fallois, 1997.
2. Film d'investigation de Michel Meignant et Mário Viana, produit par le système de financement participatif Touscoprod.
3. « Pourquoi dois-je aller à l'école ? », décembre 2015 (https://theconversation.com/pourquoi-dois-je-aller-a-le-cole-1-52342).

Famille, enseignants, société : soyons tous acteurs d'une école ouverte, d'une scolarité joyeuse, pour donner envie à nos enfants d'être heureux. Les générations à venir devront faire face à des défis que seule une éducation entièrement repensée leur permettra de relever. Comme le disait déjà le pédagogue visionnaire allemand Guillaume de Humboldt (1767-1835), fondateur de l'université de Berlin il y a deux siècles : « Il s'agit surtout d'apprendre à apprendre. »

EN SYNTHÈSE

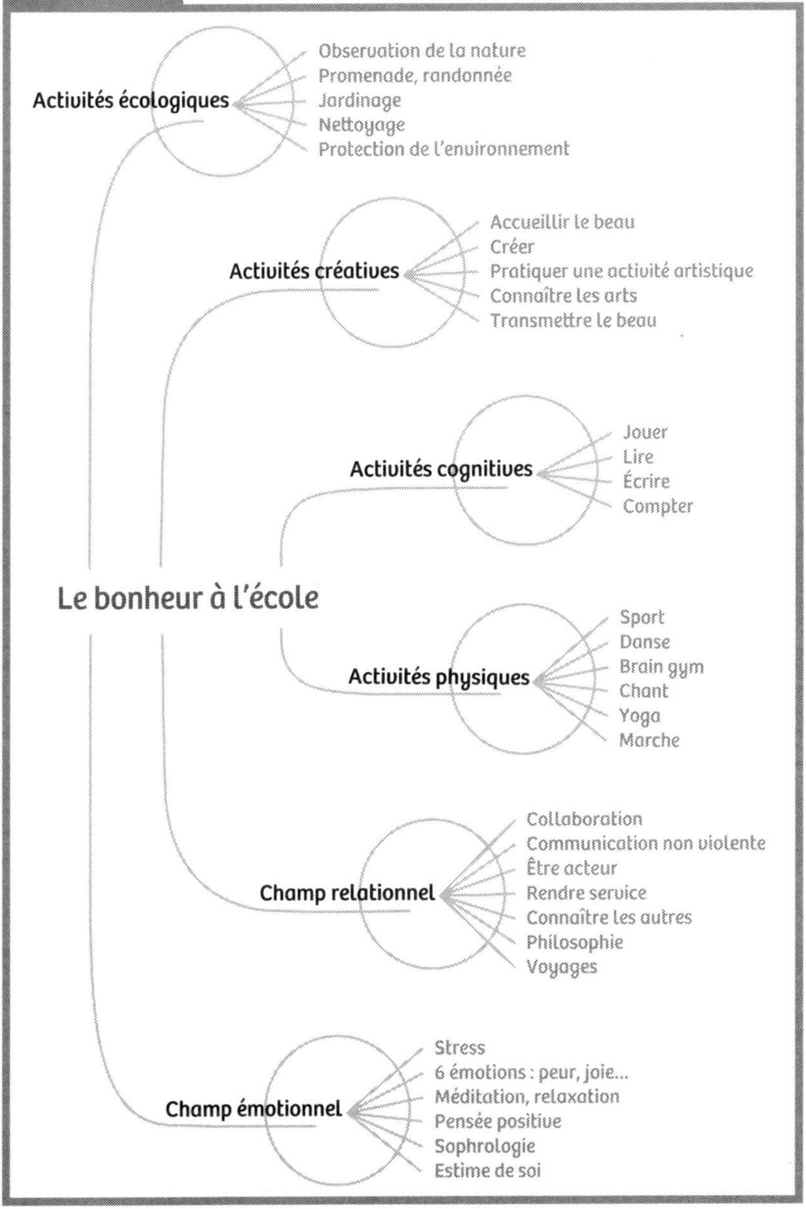
Le bonheur à l'école
Activités écologiques
Observation de la nature
Promenade, randonnée
Jardinage
Nettoyage
Protection de l'environnement
Activités créatives
Accueillir le beau
Créer
Pratiquer une activité artistique
Connaître les arts
Transmettre le beau
Activités cognitives
Jouer
Lire
Écrire
Compter
Activités physiques
Sport
Danse
Brain gym
Chant
Yoga
Marche
Champ relationnel
Collaboration
Communication non violente
Être acteur
Rendre service
Connaître les autres
Philosophie
Voyages
Champ émotionnel
Stress
6 émotions : peur, joie…
Méditation, relaxation
Pensée positive
Sophrologie
Estime de soi

Bibliographie et ressources

Livres

Akoun Audrey et Pailleau Isabelle, *Apprendre autrement avec la pédagogie positive. À la maison et à l'école, (re)donnez à vos enfants le goût d'apprendre*, Eyrolles, 2013.

Antibi André, *Pour des élèves heureux en travaillant. Ou les bienfaits de l'évaluation par contrat de confiance*, Math'Adore, 2014.

Braconnier Alain, *Optimiste*, Odile Jacob, 2013.

Couturier Stéphanie, *Mon cours de relaxation pour les enfants. Exercices et textes pour apaiser les émotions et faire grandir la confiance en soi*, Marabout, 2015.

D'Ansembourg Thomas, Bensaid Catherine (dir.), *Être heureux et créer du bonheur. Les rencontres de Séville*, Les Éditions du Relié, 2008.

Delors Jacques *et al.*, *L'Éducation : un trésor est caché dedans. Rapport à l'Unesco de la Commission internationale sur l'éducation pour le vingt-et-unième siècle*, Odile Jacob, 1996.

Dr J. Siegel Daniel et Payne Bryson Tina, *Le Cerveau de votre enfant. Manuel d'éducation positive pour les parents d'aujourd'hui*, Les Arènes, 2015.

Hourst Bruno, *J'aide mon enfant à mieux apprendre*, Eyrolles, 2008.

Jensen Eric, *Le Cerveau et l'apprentissage. Mieux comprendre le fonctionnement du cerveau pour mieux enseigner*, Chenelière Éducation, 2004.

Jensen Eric, *Pauvreté et apprentissage. Stratégies gagnantes*, Chenelière Éducation, 2012.

LEBRETON David, MARCELLI David et OLLIVIER Bernard, *Marcher pour s'en sortir. Des vies mal parties, bien arrivées*, Érès, 2012.

LE NAIRE Olivier (dir.), *Nos voies d'espérance. Entretiens avec 10 grands témoins pour retrouver confiance*, Actes Sud/LLL, 2013.

LE NAIRE Olivier, *Pierre Rabhi, semeur d'espoirs. Entretiens*, Actes Sud, 2013.

LENOIR Frédéric, *Du bonheur. Un voyage philosophique*, Fayard, 2013.

LUKAS Élisabeth, *Quand la vie retrouve un sens*, Pierre Téqui Éditeur, 2000.

MAZEVET Karine, *L'Éducation, une stratégie pour ré-enchanter la vie*, Le Souffle d'Or, 2011.

ROSENBERG Marshall B., *Les mots sont des fenêtres (ou bien ce sont des murs). Introduction à la communication non violente*, La Découverte, 2004.

SALOMÉ Jacques, *T'es toi quand tu parles. Jalons pour une grammaire relationnelle*, Albin Michel/Pocket, 2005.

SCHECROUN Jacques, *Une autre façon d'aimer*, Les Éditions de l'Homme, 2015.

SIAUD-FACCHIN Jeanne, *Mais qu'est-ce qui l'empêche de réussir ?*, Odile Jacob, 2015.

SOTTO Alain et OBERTO Varinia, *Donner l'envie d'apprendre. Comment aider vos enfants à réussir à l'école*, Ixelles Éditions, 2010.

TOUGH Paul, *Comment les enfants réussissent. Persévérance, curiosité et autres pouvoirs cachés de la personnalité*, Marabout, 2014.

Livres et jeux pour les enfants

Livres

Brasseur Philippe, *1 001 activités autour du livre. Raconter, explorer, jouer, créer*, Casterman, 2013.

Gaignard Anne-Marie, *Hugo et les rois être et avoir. Ou comment accorder les participes passés sans se tromper*, coll. « Les secrets de grammaire de la fée Nina », Le Robert, 2003.

Zejnulahi Nurfeta, *J'apprends à lire en jouant*, basé sur la méthode Montessori, volumes 1 à 3, éditions Minimots, 2010.

Série de livres *Histoire de chevaux pour enfants dyslexiques*, collection « DYS », éditions du Parc des étangs de Mortagne : www.le-clan-des-equides.com/Collection-Dys.html

Jeux

Collection « Énigmes », éditions BioViva !

Le Petit Bac, éditions Hasbro.

Vocabulon et Vocabulon Junior, éditions Megableu.

Applications pour smartphones

Inspiré de la pédagogie Montessori : http ://www.app-enfant.fr/meilleures-applications-montessori-ipad-iphone-android/

Ressources presse et internet

Articles et dossiers

« Feu sur l'école », *Manière de voir*, n° 131, coordonné par Renaud Lambert et Allan Popelard, Le Monde diplomatique, octobre-novembre 2013.

De Tricornot Adrien, « Quarante propositions pour démocratiser l'accès à l'enseignement supérieur », *Le Monde*, 8 septembre 2015.

Jarraud François, « Jeu pédagogique et éducation à la citoyenneté. Denis Sestier », Le café pédagogique, 15 mai 2008.

Blog et sites Internet

Éveil et nature, une éducation nature pour nos enfants, le blog d'Émilie Lagoeyte : eveil-et-nature.com

Le café pédagogique, toute l'actualité pédagogique sur Internet : www.cafepedagogique.net

Pour aller plus loin

Association Oze

L'association Oze s'adresse à toutes les familles en vue de transmettre une pratique bienveillante de l'éducation. Elle propose des accompagnements personnels, des ateliers, des formations et un événement annuel sous forme de web-conférences, « Art de vivre en famille » (www.art-de-vivreen-famille.fr). Cet événement rassemble tous les ans en octobre douze à quinze experts. Chaque expert contribue, dans son domaine, à divulguer et à rendre accessible au plus grand nombre un aspect de la vie en famille et des outils qui permettent de rendre le quotidien plus facile et de lui donner du sens.

Les créateurs de l'association sont convaincus que tout travail qui vise à rendre les familles plus apaisées, plus sereines, pleines de ressources et de dynamisme, contribue à créer une société où la paix, la solidarité, la coopération, le développement harmonieux des hommes sont des valeurs vécues plus en profondeur et par un plus grand nombre. En termes contemporains, c'est une contribution à l'un des trois piliers – l'aspect social – du développement durable.

www.oze-coaching.fr

Venez partager votre expérience et vos idées

www.facebook.com/heureuxalecole/

Manifeste sur le bonheur à l'école

Si vous êtes convaincu que cette question du bonheur à l'école mérite aussi un débat public, je vous invite à signer le « Manifeste sur le bonheur à l'école » :

www.lemanifesteheureuxalecole.fr

LE MANIFESTE SUR LE BONHEUR À L'ÉCOLE

Heureux à l'école, au collège, au lycée, c'est possible maintenant

Quand je demande à mes enfants si on peut être heureux à l'école, ils rigolent et ils grimacent. Ils me disent franchement : « Mais ce n'est pas fait pour ça, c'est impossible ! »

Ma fille me dit : « Je n'y vais que pour les copines », et mon fils : « Plus vite on la quitte, mieux c'est. » Et ils ne sont pas les seuls.

Quand ils affrontent l'univers de l'école, la plupart des parents ont l'impression, au mieux, de naviguer à vue, au pire, de ne rencontrer que l'angoisse de l'avenir. Ils se posent beaucoup de questions et se sentent souvent seuls.

Et pourtant, être heureux à l'école, au collège, au lycée, c'est possible et cela change tout. C'est prouvé dans certaines classes par des enseignants qui osent ; c'est prouvé par de grands pédagogues et scientifiques. C'est bénéfique pour nos enfants : ils apprennent mieux, ils retiennent mieux.

Des centaines, des milliers de parents, de professeurs, d'éducateurs, de pédagogues, de psychologues partagent le constat des difficultés rencontrées ; ils pratiquent déjà une autre forme d'éducation.

- Nous rêvons d'une école qui permet à chaque enfant de s'épanouir.
- Nous rêvons d'une école où l'ennui fait place à la créativité et au travail en équipe, où chaque enfant entretient son plaisir d'apprendre.
- Nous rêvons d'une école qui fait le lien entre théorie et pratique, d'une école qui donne du sens.
- Nous rêvons d'une école où chaque enfant accède à la maîtrise du français, des maths, des sciences, de l'informatique, d'au moins une langue étrangère et de quelques autres connaissances de base.
- Nous rêvons d'une école où les élèves apprennent à se connaître, où les élèves découvrent et expriment leurs talents sans peur d'être critiqués ou jugés.
- Nous rêvons d'une école qui transmet la confiance en soi.
- Nous rêvons d'une école qui enseigne la communication non violente, la gestion du conflit, le respect concret au quotidien, l'écoute.

- Nous rêvons d'une école où l'accueil de la différence se pratique tous les jours.
- Nous rêvons d'une école qui enseigne la connaissance des émotions, une école qui développe le quotient émotionnel autant que le quotient intellectuel.
- Nous rêvons d'une école où les différents types d'intelligence sont reconnus, acceptés, promus et valorisés.
- Nous rêvons d'une école qui favorise l'autonomie et la responsabilité à travers des projets et des engagements concrets (scientifiques, culturels, philosophiques, artistiques, sportifs, sociaux...). D'une école qui reconnaît la capacité des enfants et des jeunes à se prendre en main.
- Nous rêvons d'une école où il est possible de pratiquer la méditation, le yoga autant que le sport et les arts.
- Nous rêvons d'une école où le rapport à la nature s'enrichit chaque jour.
- Nous rêvons d'une école dont les enfants sortent avec la capacité de comprendre le monde qui les entoure, d'être citoyens du monde et de leur ville, d'être critiques face à l'information qu'ils reçoivent en abondance.
- Nous rêvons d'un monde où l'école et la famille travaillent main dans la main pour porter toutes ces valeurs et accompagnent nos enfants à révéler le meilleur d'eux-mêmes.

Nos enfants ont tous en eux le goût d'apprendre, l'envie de l'exploration, la capacité de comprendre. À chacun d'entre nous – famille, enseignants, etc. – de faire grandir ce goût et de favoriser cette envie. Avec l'envie, nos enfants seront heureux et apprendront par plaisir. Ils goûteront au bonheur à l'école.

Les outils existent. La boîte à outils pour cette école existe. L'énergie des équipes d'enseignants ne demande qu'à se libérer. Chaque équipe peut et doit commencer à les utiliser maintenant et de plus en plus ; cela transformera l'école rapidement et sans difficulté financière. Des enseignants les pratiquent déjà, souvent en catimini, sans soutien, avec leur seule énergie personnelle. Le temps de l'expérimentation et de l'initiative individuelle est terminé. Le temps est à l'utilisation massive de ces approches respectueuses des individus, de leur rythme, de leur façon d'apprendre.

Faisons confiance aux enseignants pour mettre en œuvre ces pratiques avec intelligence. Il est loin le temps de la « méthode » unique. De son côté, l'industrie est capable de produire une voiture qui ressemble à chacun, sur mesure ; alors l'école peut faire au moins aussi bien pour nos enfants et reconnaître chacun comme un être unique, doué d'un immense potentiel.
Des familles utilisent de plus en plus ces approches et ces ressources. Elles découvrent comment on peut élever ses enfants sans élever
la voix, comment on peut favoriser la confiance et l'autonomie, très tôt et progressivement, comment on peut accompagner un enfant qui grandit en lui permettant d'être lui-même. Qu'on l'appelle éducation bienveillante ou éducation positive, elle sera d'autant plus « efficace » qu'elle sera partagée entre l'école et la maison.
L'éducation bienveillante ou positive permettra aussi de supprimer rapidement l'échec scolaire, la sélection sociale, les phobies scolaires, les sorties du système sans diplôme et/ou sans qualification, les violences scolaires, le harcèlement.

Le bonheur d'apprendre, c'est possible maintenant.

Signez aujourd'hui pour tous nos enfants et nos jeunes.

Retrouvez le Manifeste sur le site :

www.lemanifesteheureuxalecole.fr

Manifeste à l'initiative de l'association Oze, association d'éducation bienveillante : aide à la parentalité, gestion des conflits, coaching scolaire et familial.
Oze est une association indépendante de tout mouvement partisan et de tout intérêt économique. Elle a été créée par Nathalie de Boisgrollier, coach, auteur, conférencière. Le Manifeste a comme ambition de faire bouger le plus grand nombre de personnes concernées.

Le Manifeste est désormais porté par de nombreux organismes et personnalités (voir la liste actualisée sur le site internet).

Remerciements

J'aime les mots mais les règles de l'écriture restent pour moi une jungle inhospitalière ! Alors, à l'issue de ce travail de rédaction, mélange de bonheur et d'obstacles surmontés, je remercie tout particulièrement :

Mme Courtois, professeur de français de première, qui a respecté mes capacités de réflexion malgré mes « difficultés d'orthographe », et quelques autres professeurs qui m'ont accueillie durant mon parcours difficile.

Albin Michel, pour la confiance accordée à l'occasion de ce deuxième livre, et pour la bienveillance et la bonne humeur de Véronique Galland.

Mes enfants et mon mari, qui soutiennent mes projets.

Table des encadrés

Table des matières

Ouvrage publié sous la direction de Laure Paoli

Responsable éditoriale : Véronique Galland
Révision : Antoine de Quelen
Relecture et corrections : Alice Breuil
Conception graphique : Stéphanie Le Bihan
Illustrations : Hélène Lafaix

Composition : IGS-CP
Impression : Normandie Roto Impression S.A.S. en août 2016

Éditions Albin Michel
22, rue Huyghens, 75014 Paris
www.albin-michel.fr

ISBN : 978-2-226-31705-6
N° d'édition : 22046/02 – N° d'impression : 1603950
Dépôt légal : août 2016
Imprimé en France.